浙江省普通高校"十三五"新形态教材

小商品 创意设计

宋 兵 楼莉萍 主编

浙江工商大学出版社
ZHEJIANG GONGSHANG UNIVERSITY PRESS
·杭州·

编委会

主　　编：宋　兵　楼莉萍

顾　　问：王　珉

副主编：刘沛龙　李　响

编　　委：王佐龙　刘云淼　刘艳飞　李玮玮

　　　　　李怡斐　李　梅　吴　媛　邵永红

　　　　　金志岳　金　羚　金福根　徐玉成

　　　　　章珊伟　梁飞龙　傅潇莹

　　　　　（以上按姓氏笔画排名）

前言
QIANYAN

创新设计成就商业价值，创新设计是设计教育的关键。本书从设计原理和概论出发，着重于小商品的创新创意设计，介绍了不同种类小商品的设计应用，突出了创新设计的实践应用，在具体教学中可以帮助学生掌握小商品创意设计的技能。

本书共四章。第一章创意原理，包括创意的基本概念、创意思维、创意过程、创意主体。第二章创意设计概论，包括图案创意设计、色彩创意设计、创意设计构成。第三章产品创意设计，包括产品概念设计、竹子类产品创意设计与实训、文化用品类产品创意设计与实训、饰品类产品创意设计与实训、拉杆箱类产品创意设计与实训。第四章小商品创意包装设计，包括包装设计的视觉元素及视觉传达技巧、不同商品包装设计的应用及实践。全书由宋兵、楼莉萍主编，刘沛龙、李响担任副主编，王珉担任顾问，王佐龙、刘云淼、刘艳飞、金羚、金志岳、金福根、徐玉成、李玮玮、李怡斐、李梅、吴媛、邵永红、章珊伟、梁飞龙、傅潇莹参编。

本书在编写过程中，得到了浙江省文谷文化用品有限公司、杭州眼球文化传播有限公司、义乌市天下广告有限公司、义乌市原道创意设计有限公司等企业的大力支持，引用了不少上述企业的产品案例图片；另外还参阅了大量的文献和资料，部分重要的文件及资料已列示于参考文献中，限于篇幅，不能穷尽，在此对这些资料的原作者深表感谢！

本书是以纸质教材为基础，与数字教学资源、数字课程开发应用相结合的新形态教材。本书的特点是支持数字化学习，纸质教材及其配套的电子资源深度融合，书中所附二维码随扫随学，提高了学生学习的积极性以及教学过程中学生的参与度，旨在提升小商品设计实践的教学效果。本书可以作为产品艺术设计、工业设计、包装设计、视觉传达设计等专业基础课程的教学用书。

在此，感谢义乌工商职业技术学院产品艺术设计专业师生对本书的编写和教学实践提供的支持。希望本书能够对读者的设计学习及工作有所帮助，这也是本书编写的初衷。由于编写时间有限，书中难免存在不足之处，希望得到国内外设计教育界同行的批评指正。

宋 兵

义乌工商职业技术学院

目录
MULU

小商品
创意设计

小商品创意设计

第 一 章

创 意 原 理

第一节
创意的基本概念

一、设计和创意的区分

设计，通俗地说，就是人为地设定、计划和安排。设计，当人有意为之时，必然带有人的思想。有思想，就会有目标、有计划，就会有创新、有创意。设计，不是简单的重复性的劳动，而是具有想象力，并伴有艺术性的重新创造。任何设计都必然内在地包含有创意的活动过程。人们常说，创新、创造与创意这三个词语意义相近，很难分辨。其实，设计也和创新、创造与创意一样。一般而言，设计、创新、创造与创意，这四个概念都是指通过人类的创造性劳动，产生一种前所未有的新样式、新事物或新思想。当然，这四个概念在内容和外延上还是存在明显区别的。我们常常把设计与创意联系在一起，将创意理解为在社会文化领域的新观念、新思想、新设计。在很多情况下，创意会借助某种物质载体表达出来，例如新奇的服装设计、独特的产品造型等。我们也把设计看成一种满足人类精神文化需求的创意，提供的仍是一种文化体验。我们将创造与发明联系在一起，指人们在自然科学和工程技术领域"做出前所未有的事情"。虽然"创造"一词也经常被引申到其他领域，但其核心含义仍然是指在科学技术上取得新成果。创新是一个使用频率极高的概念，按照经济学代表人物之一熊彼特的观点，创新就是指企业家对生产要素的新组合，这包括：引进一种新产品，采用一种新生产方法，开辟一个新市场，获得一种原料或半成品的新供给来源，实行一种新组织形式。当然，创新并不等同于发明，一种发明只有应用于经济活动并获得成功时才能够称作创新。由此不难看出，创新更多的是指经济商务层面的创造性活动。

在知识经济时代，人们的主导活动是创新创业活动，其核心是思维的创意。在设计领域，更是如此。因此，是否认识、掌握和获得了创造性的设计能力，关键看是否具备创意思维。在开发创意的过程中，人们运用创意思维提出了一个又一个的新图式，形成了一个又一个的新形象，做出了一次又一次的新设计，不断地丰富了人们的设计宝库，促进了社会的进步发展。

二、设计的创意之定义

扫一扫　　　　扫一扫

设计是指有目标、有计划地进行技术性的创作与创意活动。任何设计都必然内在地包含有创意的活动过程。用最简洁的语言说，设计就是创意！

设计的创意，就是指在设计过程中，更加清楚明白地将创意突显出来，或者说把一种创意的设想通过合理的设计表达出来。

从词源学的角度考察，"设"意味着"创造"，"计"意味着"安排"。英语 design 的基本词义是"图案""花样""企图""构思""谋划"等，其词源是"刻以印记"的意思。因此设计的基本概念是"人为了实现意图的创造性活动"。它有两个基本要素：一是人的目的性，二是活动的创造性。设计是把一种设想通过合理的规划、周密的计划，以各种感觉形式传达出来的过程。人类通过劳动改造世界，创造文明，创造物质财富和精神财富，而最基础、最主要的创造活动是造物。设计便是对造物活动进行计划，可以把任何造物活动的计划技术和计划过程理解为设计。

把创意融入设计中的作品，才算是一件有意义的创意设计作品，我们的生活需要一丝创意，比如创意家居设计。

创意，根据字面含义简单地说，就是有创造性的新思想。创意作为名词，是指对现实存在事物的理解以及认知，所衍生出的一种新的抽象思维和行为潜能。创意作为动词，是指一种通过创新思维意识，进一步挖掘和激活资源组合方式进而提升资源价值的方法。

设计的创意，也可以说是一种通过创新思维意识，挖掘和激活各种设计资源组合方式进而提升设计价值的方法。

设计的创意，可以通过两种方式实现。一是通过集体思考的方式，着重互相激发思考，鼓励参加者于指定时间内，构想出大量的意念，并从中引发新颖的构思。二是通过个人思考问题和探索解决方法激发创意。其基本原理是：只专心提出构想而不加以评价；不局限思考的空间，想出越多主意越好。

设计的创意，在通过集体思考时，可分为直接头脑风暴法和质疑头脑风暴法（也称反头脑风暴法）。前者是在专家群体决策中尽可能激发创造性，产生尽可能多的设想的方法；后者则是对前者提出的设想、方案逐一进行质疑，分析其现实可行性的方法。采用头脑风暴法组织群体决策时，要集中有关专家召开专题会议，共同商议，各抒己见，主持者以明确的方式向所有参与者阐明问题，说明会议的规则，尽力创造融洽轻松的会议气氛。主持者一般不发表意见，以免影响会议的自由气氛。专家们"自由"提出尽可能多的方案。此后的改良式脑力激荡法是指运用脑力激荡法的精神或原则，在团体中激发参加者的创意。

设计的创意方法还有一种是通过旧元素的重新排列组合形成新元素。把已知的、原有的元素打乱并重新进行各种形式的排列组合，形成一个未知的、从前没有的新元素。

设计的创意之核心是新的创意。

"创"即创新、创作、创造。"意"就是意识、观念、智慧、思维。创意起源于人类的创造力、技能和才华，来源于社会又指导着社会发展。创意是思维碰撞，智慧对接，是具有新颖性和创造性的想法，不同于寻常的解决方法。有了新的创意，才会有新的设计。

任何发展都离不开创意，设计的发展更离不开创意。创意是逻辑思维、形象思维、逆向思维、发散思维、系统思维、模糊思维、直觉、灵感等多种认知方式综合运用的结果。要重视直觉和灵感，许多创意都来源于直觉和灵感。任何新的设计都是人们组织各种设计元素，运用诸如逻辑思维、形象思维、逆向思维、发散思维、系统思维、模糊思维、直觉、灵感等方式通过综合性的排列组合而得到的一种突破性的结果。

设计的创意，把再简单不过的东西或想法不断延伸成为另一种表现方式——创意设计，包括工业设计、建筑设计、包装设计、平面设计、服装设计等内容。创意设计除了需要具备"初级设计"和"次设计"的因素外，还需要融入"与众不同的设计理念——创意"。

三、在设计中嵌入创意，是设计的本真

设计有各种类型，如沟通设计，有时也称为沟通艺术或视觉传达设计。平面设计是 CI 系统的视觉表现化，通过平面的表现，突出设计文化和设计形象。三维设计是一个广泛的种类，然而并不常用，在三维设计当中，多以电脑动画、工业或建筑设计的三维模型为主要创作项目。

设计在许多领域都有应用，涉及的方面也比较广泛。下面列出历史较久、较广为人知的设计种类。例如商贸领域的包装设计、产品设计和服务设计，服务领域的体验设计、游戏设计和软件设计，软件研发和软件工程领域的系统设计、用户体验设计和用户界面设计，在传达领域的书籍设计、色彩设计，在物质领域的建筑设计、工业设计和环境设计等。

在设计时，要使用各种工具，知晓各种设计原理，如草图、程序、对比、空间、图与底、韵律、分割、平衡、排列等。

在设计中嵌入创意，是设计的本真。设计的任务不只是实用性的，同时也伴有各种创新；设计不只是为生活和商业服务，同时也是伴有艺术性的新创作。随着现代科技的发展、知识社会的到来、创新形态的嬗变，设计也正由专业设计师的工作向更广泛的用户参与演变，以用户为中心的、用户参与的创新设计日益受到关注，用户参与的创新 2.0 模式正在逐步显现。用户需求、用户参与、以用户为中心被认为是新条件下设计创新的重要特征，用户成为创新 2.0 的关键词，用户体验也被认为是知识社会环境下创新 2.0 模式的核心。设计不再是专业设计师的专利，用户参与、以用户为中心也成了设计的关键词，Fab Lab、Living Lab 等创新设计模式正在成为设计的创新 2.0 模式。

最简单的关于设计的定义，就是"一种有目的的创意行为"。

在互联网时代，设计不只发生在拥有昂贵实验设备的大学或研究设计机构，也不仅仅属于少数专业科研人员，而是有机会在任何地方由任何人完成。相关构想和实践对于充分调动社会参与科技创新和设计的热情，丰富公众参与科技创新的手段，构建创新型城市、创新型国家具有重要的借鉴价值。迄今为止，互联网革命的发展已经经历了两个重要的阶段，分别是个人通信和个人计算。通过上述两个阶段的发展，无所不在的个人通信网络及个人计算已经形成。如今，人类正处于第三次数字革命的前夕，在这次以"个人制造"为核心的革命中，相关的材料技术和信息技术已经初露锋芒。

下面我们列举一些设计原则，由此也可以看出在设计中，蕴含着创意的核心。①单一职责原则：一个类，最好只做一件事，只有一个引起它变化的因素。②开放—封闭原则：软件实体（类、模块、函数等）应该是可以扩展的，但是不可修改。③依赖倒转原则：这个原则的内容是，要依赖抽象，不要依赖具体。或者说是，要针对接口编程，不要针对实现编程。高层模块不应该依赖底层模块，两个都应该依赖抽象。④里氏代换原则：在一个软件系统中，子类应该可以替换任何基类能够出现的地方，并且经过替换以后，代码还能正常工作。⑤迪米特原则：最少知识原则，又称为"Law of Demeter"，如果两个类不必彼此直接通信，那么这两个类就不应当发生直接的相互作用。如果其中一个类需要调用另一个类的方法的话，可以通过第三者转发这个调用。

在设计的运用中，创意更是无时不在，无处不在。比如，在平面设计构成的创意中，一组相同或相似的形象组成，就要最大限度地运用创意新思维，根据最富想象力的构成原则排列、组合，得到最新最好的设计构成效果。

第二节
创意思维

扫一扫

扫一扫

　　我们都知道，知识经济时代的主导活动是创意活动，其核心是思维的创造和创新，因此认识、掌握和获得创造性思维能力是创意成功的关键。在形成创意的过程中，人们运用创造性思维提出了一个又一个新观念，形成了一个又一个新理论，创造了一件又一件新发明，不断地丰富着自己的知识宝库，促进了社会的进步和人的全面发展。

　　其实，开辟现在和创造未来的关键就是开发和培养创造性思维。正是因为思维的创新，人类创造历史方方面面的崭新历程才正式开始。

一、创意思维的概念

思维能力的提高是人类社会发展的前提，人类社会不断发展的过程、人们不断地认识和改造世界的过程，正是创意思维不断地将思想变为现实的过程。

（一）思维与创意思维

伯尔尼等人于 1971 年综合前人的研究，将思维从发生学的角度做了一个较为完整的描述：第一，思维是一个错综复杂的、多侧面的过程；第二，思维主要是一个内在的或内隐的（而且有可能是无行为表现的）过程，是在外化为行动之前预先存在的一系列隐蔽的心理活动；第三，思维是运用不直接存在的物体的符号表征来进行的，例如利用记忆，思维就可以预测尚未发生的事件，也可以想象各种从未发生过的事件；第四，思维是行为的一个决定性因素，行为是思维这一内在过程的产物，因此，产生和控制外显行为就是思维的基本作用所在。

思维有两义：广义上属于相对于物质而与意识同义的范畴；狭义上属于相对于感性认识而与理性认识同义的范畴。从本质上来看，思维是人脑对客观现实间接的和概括的反映。它是通过语言实现的、能够揭示事物的本质特征及内部规律的理性认识过程。思维的形式是极其复杂的，各种各样。创意思维是人类思维的高级形式，它具有双重含义，它不仅仅是一种高于其他思维的独立思维、超常规思维、创造性思维等的综合，还包括对一切旧思维进行革命性的改革和更新。创意思维其实是反映事物本质属性和内、外在有机联系，具有新颖性的一种可以物化的高级思维活动。常规性思维只是一味地遵循现有的思路和方法进行思考，重复过去已经进行的思维过程，所能解决的通常是实践中经常重复出现的情况和问题，思维的结论属于已有知识的范畴。而努力探索世界尚未认识的规律，解决实践中出现的新情况和新问题，为人类的实践活动开辟新领域，这才是创意思维。

（二）创意思维的功能

可以这么说，创意思维是人类社会进化的前提，是 21 世纪知识经济时代的前奏。恩格斯说过，"思维是地球上最美丽的花朵"。而我们要说，创意思维是人的思维之花上的花蕊，人的思维的精华就是创意思维。

1. 创意思维是创新能力的核心要素

从个人角度来说，创新能力就是创意思维，思维的创意是人类历史上所有新事物出现的开始。人们只要具有了良好的创意思维方法，就可以运用它去解决各种各样的问题。我们看到的人类的每一个行为、每一种进步都与人类自身的创意思维能力密切相关。人们运用创意思维能力，从天然的森林大火想到保存火种，进而钻木取火；运用创意思维能力，人类首先在头脑中设计出千万种自然界中并不存在的东西，再运用创新能力把这些创意变成现实，从那个野蛮的原始时代步入了现代化的知识经济时代，创造了一个以人类为主导的新世界，在此，创意思维的力量不可忽视。

2. 创意思维是企业在市场经济中获胜的关键要素

众所周知，市场经济的主旋律就是各种不同经济主体之间的竞争。正是因为企业之间有了竞争，创意思维才更为人们所需要。从市场经济的发展过程看，企业竞争的重点在不断地转移，市场进入了全球化经济时期，企业产品在全球范围内流通，这就意味着企业面对着与全球企业的竞争，竞争大大升级。企业如果没有居安思危的战略，今日的辉煌也许就会变成明日黄花，过去的"大鱼吃小鱼"式的竞争已让位于现在的"快鱼吃慢鱼"式的竞争。激烈竞争的现状使企业对人才有了更为深入的认识。人才分成两种：一种是技术型人才，这种人才以能使企业获得局部效益或短、中期效益见长；另一种则是智囊型人才，这种人才则能使企业获得长期效益、整体效益，甚至能给企业带来无法估量的价值。具备创意思维是智囊型人才的基本要求，这类人才逐渐成为市场竞争的热点。

3. 创意思维是实现自身价值的主要途径

当然，创意思维不是与生俱来的，我们可以在不断发展的实践当中努力寻求，在理论与实践的有机结合中不断探寻。离开了主体的努力，不可能获得创意，不可能实现创新。只有自己才是培养自身创意思维能力，提高自身创造性思维层次的真正主人。创意有大有小，在日常的各项工作中，可以有各种形式、不同内容的创意。人们在事业上的新追求、新理想、新目标的不断产生和发展，正是创意思维的结果。人们的生活内容是不断发展的，人们的需求层次同样也是不断提高的。当旧的需要被满足了，就会产生新的需要；当低层次的需要被满足了，便会产生高层次的需要。要满足人们不断增长的需要，实现人们对幸福的追求，就要靠创意思维。社会的进步在于创意思维，个人自身价值的实现也在于创意思维。就像拿破仑·希尔说的："创新是力量、自由及幸福的源泉。"

二、创意思维的本质与特征

我们常说的创造性思维其实就是创意思维，它在人们的创造能力中居于极其重要的地位。

（一）创意思维的本质

正如前面我们提到的，创意活动是一种不同于以前的思维创新、观念创新、理论创新和行为创新的过程，是一种综合性的创新活动。在这里，始终贯穿于创意活动的创意思维具有不同于一般思维的特点。在过去的思维理论中，是否合乎理性、是否合乎逻辑常常被理解成人类思维的标准，而这种标准又被理解为可以通过逻辑重建进行科学解释的演绎思维模式。而创意思维的逻辑不是那种墨守成规式的演绎逻辑，而是随时会出现跳跃的充满偶然性的建设性逻辑，是一种可以做出多种选择的逻辑，是一种只明确目标不制定方法的准则逻辑，即目标怎样更好、更有效和更有帮助，至于如何达到这些，则属于创意活动的主体依据各种复杂因素和条件，发挥自己创意思维的创新活动。在社会实践需要所产生的目标指导下，以一定的心理结构为基础，主体通过有意识与无意识的交替作用和辩证统一的过程，经过鉴别和筛选，将储存的和外来的信息重新联结和组合，从而发明或发现一种新方式，用以处理某件事情或表达某种事物的思维过程，就是创意思维的本质。

1. 多种思维形式有机结合的辩证统一过程就是创意思维

既有逻辑思维又有非逻辑思维，既有抽象思维又有形象思维，既有发散性思维又有收敛性思维，这是在创意思维过程中经常出现的现象。这些不同的思维形式构成了既相互区别、相互对立，又相互补充、相互依存的矛盾关系网，在这一"互联网"中，创意思维活动得以展开。

多种思维形式有机结合的辩证统一体是创意思维的特征之一，它绝不是一种简单的单一思维模式。这些辩证矛盾都是客观世界本身的矛盾，它所揭示的是事物本身所具有的对立和统一的运动过程。在这种对立与统一的运动过程中，矛盾双方成为一体，互为条件，使对立面在相互依存的统一体中得到产生与发展。这是因为，矛盾双方力量的变化过程是相互依存的，任何一方都不可能脱离对立面而孤立地发展。这些相互区别、否定和对立的思维形式之间还存在着相互渗透、相互贯通的特征，这一特征使矛盾双方都在相互吸取有利于自身的因素，并在相互利用、相互促进中各自得到发展。由此可以说，各种相互对立的思维形式之间的互补成果构成了创意思维。

在创意思维过程中，逻辑思维与非逻辑思维这两种性质特征完全不一样的思维形式都是不可或缺的。一方面，非逻辑思维在创意过程中起着决定性的作用；另一方面，逻辑思维则具有重要的基础性作用。从一个问题的发现与提出，到对现象的描述、概括，再到对非逻辑思维结果的补充、解释和系统化理论的建立等，全都离不开逻辑思维的作用。事实上，逻辑思维与非逻辑思维在交互作用下持续进行就是整个创意思维的发展过程。

从字面上不难看出，收敛性思维与发散性思维是思维方向完全相异的两种思维形式，但是在创意思维过程中，二者也同样是不可或缺的。一方面，发散性思维是一种开放性的多方向思维，可以使人的思路活跃、思维敏捷，从而提出许多可供选择的方案和建议，特别是能提出一些匠心独具的见解，使问题得到奇迹般的解决。因此，发散性思维在创意思维中具有举足轻重的作用。另一方面，如果只停留在发散性思维阶段，就会使人优柔寡断、难以抉择，也很难抓住问题的关键，达不到实际的创意思维效果。因此，收敛性思维同样是创意思维的重要环节。这是因为问题大多是收敛性思维的产物，只有收敛了，才能发散；问题的实际解决也离不开收敛性思维，只有收敛了，才能集中优势力量"消灭敌人"，做出最终决策。所以说，创意思维应该是发散性思维与收敛性思维相结合的过程，是方向相反的两种思维形式相互矛盾运动的结果。

表面上相互对立、区别的思维形式之间存在着相互贯通的特点，存在着相互促进对方发展的特点。这些特点从不同角度体现了创意思维过程发展的基本趋势，以这种思维方式进行科学研究和创意设计，能创造出最科学的理论体系，产生最符合自然本性、最经济的发明物和设计方案。

2. 异中求同和同中求异相统一的思维过程就是创意思维

异中求同就是对陌生事物要持熟悉它的态度，采用对熟悉事物的态度衡量比较。同中求异就是对熟知的事物，要有意识地把它当成陌生的，并运用新的理论加以研究。一门学科、一种理论或一个创意的产生，一般都是求异和求同的产物。化学、经济学等是发现了不同理论之间的相通之处而建立起来的，物理学是研究了多种物理现象后总结出来的学问。人们在实践过程中，一般总是先用现有的理论和方法去解释新的现象、新的问题，只有当现有的理论不能解释时，才另辟蹊径，寻求新的方法，更新现有理论或是抛弃现有理论而建立新的理论。一般来说，人们总是习惯于先求同，到了不得已时才求异。但是，实际上，对任何一门学科、理论而言，如果不经常异中求同，就不能吸取新养料，丰富充实自身内容；如果不能同中求异，则不能突破规范，向前发展。现代科学技术的发展日益显示出不断分化和综合的趋势，这正是异中求同和同中求异的表现。

3. 多种思维方法和逻辑模式的综合运用过程就是创意思维

我们运用创意思维是要解决以前人们没有遇到过或没有解决的问题，那么它就不是一蹴而就的事情。创造性的思维过程必然包括直觉的洞察与灵感的迸发、想象的发挥与模型的构想、类比的跨接与思路的外推、归纳的概括与假设的试探、分析的还原与综合的归纳、反馈的利用与控制的运筹等，最后通过不断的试验与逼近，形成新的概念框架和理论体系。任何一种把创意思维归结为某一种思维方法或逻辑模式的做法都是片面的。辩证逻辑是依据对人类认识成果的总结和辩证思维经验的概括，揭示出在思维过程中，尤其是在创意思维过程中，必须处理好抽象与具体、分析与综合、归纳与演绎等的关系。人类必须从直觉或想象入手，然后才能借助自己的抽象能力。不仅如此，抽象与直觉还可以互相转化。人类的图像识别能力可以看作直觉与抽象相互配合的一种结果，人们很难仅仅依据归纳法和演绎法去发现创意思维的根源。

4. 机智的思维过程就是创意思维

思维迅速地、轻易地从一类对象转变到另一类内容相隔很远的对象的过程就是所谓的机智思维。思维的惰性、刻板、僵化或者呆滞等都是缺乏机智思维的表现。凡是具有机智思维的人，都表现出了思路开阔、妙思泉涌的特点。科学家依靠机智思维创造奇迹的事例数不胜数，有的科学家甚至是隔行的业余爱好者。例如微积分和数理逻辑的创始人、德国数学家莱布尼茨同时还是律师、哲学家。可见在解决实际问题时，具有灵活的思维是创意成功的关键所在。

能够及时抛弃已被证明是错误的观点和认识，是机智思维的另一个重要表现。也就是说，机智的思维是坚持性与灵活性的统一。灵活性过大，容易过早地草率地抛弃已有的看法，可能失去获得突破性成就的良机；固守己见，会白白浪费许多时间和精力。机智的思维必须以广博的知识为基础。为了使思维不致误入迷途，广博的知识储备是不可动摇的基石。

（二）创意思维的特征

创意思维是一种灵活多变的、富于探索性的思维形式，其遵循不断发展变化的动态社会，不仅仅局限于一种思维模式。

1. 目标具有专一性

毫无根据的胡思乱想与创意思维是有本质区别的。创意思维虽然需要想象力的自由发挥和遐想的驰骋，但其前进的动力是实践的需要或依据理论与事实之间存在的矛盾所提出的新课题。人们要进行创意思维，就要有专一性和明确性。专一性是指导引思维目标的明确性，是导引思维过程中已有概念、事物在显意识与潜意识两个层次的集中与凝聚的特征。也就是说，研究者在寻求解决课题的途径时，需要从各个角度反复思考，并且调动自己的全部知识和信息储备、全部思维能力才能有所突破。

研究者强烈的事业心是实现专一性的动机，是对研究对象产生强烈兴趣的根本。强烈的研究兴趣转化为强烈的创造欲望，促使研究者为研究课题倾注全部精力，大大提高其对研究课题的注意力、观察力和思维能力，在此期间的一切辅助性思维活动都围绕这一课题进行。思维要想取得成功，必须聚焦于一个突破点上，产生聚焦突破效果。

2. 方向具有灵活性

在创意思维过程中，目标是确定的，通过何种途径达成目标，即思维方向又可以是多样的。这就是说，要想达到某个目标，就必须围绕某个中心进行多路思考。所谓多路思考，就是对对象进行全方位的思考，从不同角度、不同侧面、不同方位、不同层次上加以把握。在研究课题的过程中，我们的思维应保持灵活性，这是求异性所必需的特质。

研究课题或者思考中心的确定，是一个过程。在这个过程中，我们首先要善于围绕某个对象进行全方位的思考，提出各种各样的问题，然后经过比较分析，从中筛选出某个最佳的课题，作为思考的中心或研究的方向，这样的课题才有可能取得成功并取得较好的社会与经济效益。

反之，不做比较分析，不做筛选，碰着一个题目就全力去做，会增加其盲目性，容易使实践失误，浪费人力、物力与财力。因此，做多路思考，从不同的角度提出各种不同的问题，然后从中选出最佳的课题，这是在确定课题之前务必要做的准备。

我们知道，达到目标的方法或途径通常是多种多样的。那么，研究的课题、方向确定下来后，完成这一课题和攻下这个目标的方法或道路，也不应该拘泥于某种固有的公式，而应该因时因地制宜，不断改变思考的角度，跨学科、跨领域地思考问题，这样才可以找到实现目标的正确道路。否则，在思维过程中一味地做单向思考，不做多路思考，思维就难以深入，成果就难以扩大，成功也就难以持续。丰田汽车公司第一任总经理丰田喜一郎常在公司里对职工讲："我习惯于把事物倒过来看。这就是我们常说的'反思'。"丰田正是运用这样的思想方法，针对以前上道工序为下道工序提供原件的惯例，提出了下道工序在需要的时刻可以向上道工序要所需要数量的零件或原料的创想。这一管理思想的贯彻执行不仅大大节约了人力、物力，同时也杜绝了过量生产、库存较多和不及时提供材料所造成的浪费，使丰田的生产效率立即增长了一倍左右。

3. 方式具有求异性

积极的求异心理、敏锐的观察与联想贯穿于创意思维活动的始终，可以说，创意思维其实也是一种求异思维。这种求异性是指在认识过程中要着力于发掘客观事物之间的差异性、已有学识与客观实际相比而具有的局限性等，这是对惯见现象和人们已有的习以为常的认识持怀疑的态度，在批判和分析中去探索符合实际的客观规律。只有广泛涉足其他学科、其他业务活动领域，广取他地、他人、他企业之长，从各种差异很大的角度启发自己的思维，才能大大提高成功的机会。求异的创意思维过程通常是利用局外信息来发现解决问题的途径。

那么，怎样才能产生求异思维呢？求异思维是在所研究或关注的问题成为研究者坚定不移的目标和梦寐以求的理想后，由研究者把生活中的所有现象、理论以及以往所积累的知识尽可能地调动起来，围绕这个问题进行不断的探索，最终找到解决问题的途径的过程。例如，阿基米德由于整天冥思苦想"金冠之谜"，所以看到从浴缸里溢出来的水的体积跟自己一样大时，立刻如获至宝。如果阿基米德不是在这个问题上"为伊消得人憔悴"，恐怕他几十次、上百次见到水缸溢水也会熟视无睹。所以我们说，积极的求异思维，能够促使研究者以特殊的眼光去观察研究对象。

直觉和思维相互渗透的、复杂的认识活动我们称为观察。而积极的求异心理使得研究者能够敏锐地捕捉到研究对象的特点，不断地将观察到的事物和已有的知识、看法、前提、假定联系起来进行思考，联络其相似性、特殊性、重复性，发现现象的本质与必然联系，发现偶然现象和新的线索，洞悉其潜在的意义，把握其内在的规律，促进创造性成果的产生。

4. 进程具有突发性和偶然性

研究者经过长期观察、研究、思考产生创造性成果，这同样是创意思维活动的产物。在这一过程中，往往存在着对形成创造性成果起关键、决定性作用的突发性思维转折点。创意思维总是表现为时间上的突然降临，标志着某一突破的获得，表现出一种非逻辑的特征，这是在长期量变基础上的爆发性的质的飞跃。比如，一种新的思想，可以是在读书时由于某段精辟的论述而突然萌生的，也可以是在乘车、漫步、看电影、参加体育比赛时由于一句台词或一个偶然的动作得到启发而爆发出来的，还可以是在与人讨论问题时突然受到启发从而产生的，甚至可以是在洗澡时顿悟的。

5.成果具有开创性、新颖性和突破性

能够产生前所未有的思维成果是创意思维的最基本特征，而判断思维是否具有创造性，在于思维内容是否新颖。如前所述，创意思维解决前人没有解决的新问题，因此它必然具有开创性和新颖性，必然是一种没有现成答案可以遵循的探索性的活动过程。它通常是以新的概念、新的范畴、新的符号、新的模型和新的图示，准确和有效地表达思维的结果，并以最快速的方式向社会展示，获得首创权。由此可见，具有强烈的特殊个性色彩的过程就是创意思维的过程。

事实上，创意思维是抽象思维、形象思维与灵感思维的有效综合。这是因为从创意思维的实现形式来看，无论是抽象思维、形象思维还是灵感思维，都是有可能产生创意思维的。而且创意思维还具有突破性。创意思维要想在思维领域保持领先的地位，就不能像常规思维那样循序渐进、循规蹈矩地进行，而必须保持较大的突破性。突破性是人类思维的最根本特性，也是能够产生创新的基本原因。我们能够在头脑中构想具体时间之外的事物和情景；能够超越空间界限，在头脑中构想具体空间之外的事物和情景；能够超越事物的限制，在头脑中构想世界上从来没有出现过的事物。也就是说，创意思维的这种突破性能够超越时空界限，是不受限制的。

其实简单来说，创新就是在现实世界中并不存在而仅仅存在于头脑当中的东西。无论是伟大的发明家还是背着书包的小学生，他们的每一项突破性创新都是运用创意思维的最终结果。

三、创意思维的形式及其特点

我们说过，创意思维是综合性的思维，那么它的具体表现形式自然是复杂多样的。总体而言，主要包括发散性思维、逆向思维、想象思维、联想思维、直觉思维、类比思维六种思维形式。

（一）发散性思维

发散性思维又称为求异思维、分散思维和辐射思维，是创意思维的表现形式之一。

发散性思维具体来说就是指从某一个问题可能有多种答案开始，以这个问题为中心，思维的方向如同辐射一样向外散发，得出的答案越多越好。这种思维方式可以使人的思路活跃、敏捷，能提出大量可供选择的方案、策划或建议。我们能够发现，在日常生活中，有些人的思维跨度很大，能够天南海北地联想，奇思妙想源源不断；而有些人却缺乏应有的思维广度，只是在一个层面或一种方法上绕圈子，思路总是很难打开。在我们生活的地球上，每时每刻都存在着无穷多的事物，都会产生无穷多的现象。我们在思考一个问题或者一个事物时，也同样面临着无数可供思考的对象，这就是说要考察与这一现象或事物通过各种方式相联系的其他因素。客观事物和现象无穷无尽，创意思维也就永远不会干涸。

从思维的范围来说，我们确定了一个思考对象，当然就要围绕这个对象来思考。但是，在现实生活中，这个对象总是以各种各样的方式直接或间接地与其他因素相联系，这就给我们提供了在广阔的范围内思考问题的可能性。至于这个对象和哪些别的因素有联系，这需要我们在思考问题的过程中，破除各种思维定式，增加各种可采用的视角，扩大范围，把这个对象放在更广阔的背景里加以考察，从而发现有关思考对象的更多属性。也就是说，我们自以为的海阔天空、无拘无束的思索，其实说不定只是在原地兜圈子。只有当我们换一个视角来观察同一个世界的时候，才可能发现它有许许多多奇妙的地方，才能发觉原先思考的范围是多么狭窄。

因为创意思维所要解决的问题是没有现成答案可供参考的，重复、模仿等传统的方式是不能解决问题的。由于事物和事件的数量、属性和变化无穷多，这就使得人们在分析和解决任何一个问题时都会面临或多或少、或大或小的新问题和新特点，这就要求人们能够运用创意思维来解决。而创意思维的独创性是指产生不同于寻常的新思想的能力特征，表现为解决方案的新奇性。它使人以前所未有的新视角、新观点去认识事物，提出非比寻常的新观念。

（二）逆向思维

逆向思维，顾名思义，就是与传统的、逻辑的或群体的思维方向相反的一种思维，是创意思维的基本形式之一。

逆向思维是反其道而行之，是从结果到原因反向追溯的思维形式，就是对任何问题哪怕是现成的结论，都不满足于是什么，而是要多问几个为什么，敢于提出不同的意见，敢于怀疑。从广义上来讲，一切与原有的思路相反的思维都可以称为逆向思维。逆向思维是有意识地探寻对立面，创造新的概念和思路；或是揭示事物另一个方面的性质，把握事物正反方向、性质变化的程度；或是反其道而行之，得到意想不到的研究方案。在技术发明中，人们就经常运用具有挑战性、批判性和新颖性的启发思路。这种从对立的、颠倒的、相反的方向去想问题的方式往往能打破常规，破除由经验和习惯所造成的僵化的认知模式。在现实生活中，我们总想解决某些问题，却总是解决得不好、解决不了，如果能够反向思考，也许就会有"柳暗花明又一村"的效果。

同时，揭示处于隐蔽状态下的事物的相反属性，加深对事物本质的认识，也是逆向思维的作用之一。有些事物的对立性质在同一场合下同时出现，有时交替出现，甚至有些性质只是以隐蔽的形式存在。在这种情况下，我们通常运用逆向思维来揭示事物的潜在性质。

可见，逆向思维是一种非常规思维，专门从相反的、对立的、颠倒的角度去思考问题。一般情况下，人们思考问题大多是从相近的、相似的角度出发，相反的角度因为其反差很大，非特意很少为之。从相近的、相似的角度思考问题，是借助无意识就能完成的自然状态，而逆向思维必须是有意识的、经过动态思考的。所以，逆向思维的特点就是要主动去向传统、权威和习惯宣战。

逆向思维是对原有的思考角度的彻底反转，所以它比一般的求异思维更能打破常规，颠覆正向的思考角度和传统的思考方式，促使创意思维成果的产生。逆向思维在大多数情况下常常表现为超出惯例、反对传统的性质，成为对常规以及偏见的批判，在思维的范围上将人们的视野从熟悉引向陌生，在效果上具有让人耳目一新的感受，在行为上呈现出标新立异的特点。

（三）想象思维

试想一下，如果人类没有了想象，这个世界真不知道会是什么样。想象思维作为创意思维的一种形式，充分体现了人类思维的活力。

法国大作家雨果曾经说过：莎士比亚的剧作首先是一种想象，然而那正是我们已经指出的，并且为思想家所共知的一种真实，想象就是深度。没有一种心理机能比想象更能自我深化，更能深入对象，它是伟大的潜水者。同样，科学研究到了最后阶段，就会偶遇想象。在圆锥曲线中，在对数中，在概率计算中，等等，"想象"都是计算的系数。想象也是一种创意思维，是人脑对记忆中的表象进行加工改造后创造新形象的过程。

想象力是产生思维爆发式飞跃的内在根据之一，是思维力和创造力的基石。人们在想象时，不仅会有创见，而且会出现这种意象与思维的其他符号元素的相互作用，它们以意想不到的方式进行再结合。从原则上说，这些代表着现实世界的各个方面的元素，其组合的形式是无限多的。也就是说，人类的想象力是可以无限大的。因此，想象思维是创意思维不可缺少的基本形式之一。

我们可以将想象思维分为随意想象和不随意想象两种类型。

1. 随意想象

没有预定目的、自发进行的想象，我们称为随意想象。当我们观察天空中的浮云时，有时突然觉得它像一条腾飞的巨龙……各种各样想象的形象会不由自主地浮现出来，就是在从事一些不用思考的活动时，也会浮想联翩。这些想象对思维有着启发作用，但是它们都是随意的，不需要人们的努力，出现得也很突然。

2. 不随意想象

有预定目的、自觉进行的想象，我们称为不随意想象。它是意识活动形式的一种，是人们根据一定的目的，为塑造某种事物形象而进行的想象活动。这种想象活动具有一定的预见性、方向性。不随意想象就是不依据现成的描述而独立地创造出新形象的过程。不随意想象根据预定的目的，通过对已有的表象进行选择、加工，产生可以作为创造性活动"蓝图"的新形象。比如文学家在创作时、科学家在创造发明时所依据的形象。可以这么说，不随意想象是人类进行创意活动不可缺少的因素。创意活动正是因为有了不随意想象的参与，才能够结合以往的经验，根据预定的目的和计划在想象中形成具有创造性的新形象，勾勒出劳动的最终或中间产品的立体表象模型。技术发明、艺术创作、科学研究等一切创造性活动都是依靠不随意想象得以顺利进行的。

想象思维就是创造性的综合，是经过改造的各个成分被纳入新的联系，并经重新整合而建立起来的新的完整形象。而想象思维的结果，往往会从直观上得到加深的"形象概念"。这种想象思维能够创造出新概念和概念体系，能够孕育新奇的思想。在想象的过程中，表象得到进一步加工和组合，创造出新形象。它既可以是没有直接感知过的事物形象，也可以是世界上还不存在或根本不可能存在的事物的形象。想象思维是组织起来的形象系统对客观存在的超前反映，想象中的内容往往会出现在现实之前。想象本身就包含筛选和设计的过程，它能帮助我们从总体上把握事物机制和本质而舍去许多不必要的细节，能帮助我们超越现实事物。想象的形象可以成为人的意志行为和实践行为的内在推动力。

（四）联想思维

创意思维的另一种重要表现形式是联想思维。联想思维不是一般性地思考问题，它体现出思维的跳跃性，是对问题思考的升华，是由此及彼的思考方式。

人们展开联想，可以激发思维的积极性和主动性，通过多种研究角度探寻多方面的答案，从而把创意思维活动提高到一个新的水平。所谓联想思维，是一种由此及彼、由表及里的思维，就是人们通过一件事情的激发而转移到另一些事情上的思维。一般来说，在空间和时间上同时出现或相继出现、在外部特征和意义上相似或相反的事物，在人脑中建立联系并留下印迹，以后但凡其中一个事物出现，就会在头脑中引起与它相关联的另一些事物的出现，这就形成了联想思维。联想思维能够克服两个事物或概念之间意义上的差异，并从另一个层面把它们连接起来，由此产生一些新颖的思想。例如，鲁班进山砍伐木材，不小心被一种带有小锯齿的丝茅草划破了手，他运用相似联想法，发明了锯子。联想同时也可以是正反兼有的联想，还可以是正反对照以突出其反差的对比联想。这种联想的发生过程就具有了很大的刻意性、新颖性和独特性。杜甫《曲江对酒》云："桃花细逐杨花落，黄鸟时兼白鸟飞。"通过对比，这样一落一飞，为读者呈现出春天原野上的一派春色。

我们前面说过，创意活动是带有某些目的性的活动，需要通过带有目的性的联想这一途径来达成。当然，作为创意思维本身来说，它更加提倡的是奔放、毫无拘束的自由式联想。这样的自由式联想可以通过多次重复交叉从而形成一系列的"连锁反应"，就如我们通常说的举一反三，由此产生大量的创造性设想。

联想一定要具备刨根问底的精神，主动地有意地联想，联想的范围越广，深度越大，对创意活动就越有裨益。比如，我们从落地电风扇可以调节升降的特性展开联想，最终发明了升降篮球架等。发明创意都直接与联想的过程有关。事实上，古往今来，人类一直在有意无意地通过各种各样的联想，不断地从自然界中得到启发，从而提出了无数新的创意成果，为自己的生存和发展创造了更好的条件。

联想能力的大小与一个人是否具有良好的思考习惯密切相关，即与一个人是否遇事肯开动脑筋和善于开动脑筋有关，而是否善于开动脑筋是与个人的悟性相统一的。我们经常会遇到一些人，他们虽然见多识广，然而却整天无所事事，不愿多动脑筋，缺乏悟性，因而也就不善于联想。悟性的作用就在于它有助于理性完成把具体提升到抽象，进一步用抽象指导具体的过程。

（五）直觉思维

直觉思维可以使人获得仅借助对周围世界的感性认识和理性认识所不能得到的结果，结果的获得还具有不可思议的简单性和迅速性，而且创意思维主体对结果的正确性具有本能的感知。

不同于其他思维模式，直觉思维不需要经过一系列概念、判断、推理等抽象概括的逻辑思维过程，它既不以概念为中介，也不以形象为中介，而是以"直觉思维模式"对认识对象的急速投射，产生对认识对象的结论。之所以说直觉是非逻辑的，是就它的认识形式和认识过程的特征而言的，而不是说直觉是反逻辑的、不合逻辑的。直觉能力的形成和直觉认识模式的发生机制中，包含着逻辑作用及一系列想象过程的综合作用，而直觉能够迅速把握记忆对象的过程本身，显然不是逻辑的过程。但是直觉的认识能够通过自己的特有方式来达到与逻辑思维认识相同的结论。

直觉依靠大脑的右半球，是以它所产生的影响意象机能为主要机制的脑功能的体现。也就是说，任何一个人都有直觉功能，只不过存在着程度的差别。自然界中的动物，特别是一些高等动物在适应环境、对付天敌的过程中形成了特有的趋利避害、生存与延续的求生心理反应能力，这种本能就是人类直觉产生的生物学基础。在人类长期的进化过程中，这种适应环境的能力得到进一步强化，无数次条件反射的经验积淀于人的意识深处，成为一种无意识的"本能直觉"。然后，在长期的实践过程中，人的自我意识得到加强，并逐步具备了理性思维能力，对自身有了更高的自我调控能力，可以更加自觉地去认识世界。人类累积了大量的实践经验、知识与认识手段，这些经验、认识手段得以整合，进一步积淀在意识深层，形成一个观察—感知—意会系统。到此，这种自我调节能力就成为一种无意识的、不自觉的活动。从这个角度说，直觉思维是人们不必经过逐步分析而迅速对问题的答案做出合理的猜测或顿悟的一种跃进式思维。直觉思维虽然利用了人们的感性认识，但它绝不是只停留在这一步上，而是超越逻辑思维形式的一个更高层次思维。从表面上看，同是感性思维，但其层次与实质是不同的。直觉思维表面上好像不需要经过逐步分析就可以迅速找出问题的症结，其实，在"迅速"中已经包含了一系列"感性—理性—感性"的思维过程。所以，其结果虽然仍然以直观的形式表现出来，但实际上它已经在头脑中进行了逻辑程序的高度简缩。直觉是创意主体、客体与环境综合的结果。只有在符合一定条件的情况下，直觉思维主体处于对直觉客体的注意、敏感状态，直觉客体向主体进行了必要的意象投射，直觉才可能发生。虽然直觉是一种迅速的、敏锐的洞察，但是直觉主体的心理驱动力必须充分运转、对外界刺激充分敏感，这样直觉才会随之产生。

（六）类比思维

创意思维中最重要的，并且具有极其特殊意义的思维是类比思维。创意思维是不可能在封闭中产生的，而是在开放和比较中获得发展的。开放能够开阔我们的视野，比较容易发现差距和问题。类比思维是从两个对象在某些方面的相似关系中受到启迪，从而使问题得到解决的一种创造性思维。

哲学家康德曾说："每当理智缺乏可靠论证的思路时，类比这个方法往往能指引我们前进。"由于类比思维具有从一种特殊领域的知识过渡到另一种特殊领域的知识的优越性，具有联想、假设、解释和模拟等多种功能，对于创意主体的灵感和直觉思维的产生都有不可忽视的作用，所以类比思维在创意思维中居于重要的地位，起着极其重要的作用。

在这里，我们将类比思维分为具体类比、情感类比、抽象类比和非现实类比四种类型。

1. 具体类比

具体类比是指事物或事件之间具体特征的类比，就是根据事物的某一点相同或相似之处把原来极不相关的事物联系在一起而产生类比，即比喻。

2. 情感类比

情感类比又叫作移情。移情是借助人的情感功能，在人和事物之间进行类比，不是通常的事物或事件之间的具体类比。移情可以把事物人格化或拟人化，使人产生新的看问题的角度，是从情感和体验上改变习惯看法、突破常规、实现创新的思维过程。

3. 抽象类比

抽象类比是指利用语言和概念进行类比。语言是储藏信息和隐喻的巨大宝库，语言的相关潜力可以通过各种各样的方式得到扩展。

4. 非现实类比

非现实类比是指与现实问题相联系，借助幻想和童话中丰富的想象，产生大胆的类比。这种类比属于隐喻类比，只是它更需要与想象相结合。在创意过程中，人们往往先利用具体的事物，从最相似的答案开始，这种尝试不成功，才使得人不得不转向越来越远的情感符号，最后进入超现实，进行非现实类比。

类比思维通过联想能够充分激发创意主体的想象能力，并使之有确定方向。适当的类比可以使创意主体产生合理的联想，激发创意主体的想象力去打破传统思想的束缚。类比推理具有重大的启示功能，能为创意的探寻提供较为具体的线索，尤其是当创意对象的有关材料还不足以进行系统归纳和演绎的时候，类比就起到了开路先锋的作用。在创意过程中，我们只需要将一个问题的因素弄清楚了，就可以为类似的一大批问题的解决提供合理的思路。

扫一扫

第三节
创意过程

一、创意的两项重要原则

（1）对原来的许多旧的元素做新的组合，这就是创意。

（2）在实践中养成探寻各事物之间关系的思维习惯，是产生创意的过程中最为重要之事。

二、产生创意的五个阶段

（1）收集尽可能多的原始资料。

（2）仔细检查这些资料。

（3）深思熟虑，结合实践去做思维的综合工作。

（4）产生创意的思维火花。

（5）最后形成并发展此创意，使它能够得到实际应用。

在这里我们以广告创意为例，具体说明产生创意的过程。整个创意过程大致可以划分为前后相互关联的五个阶段。

（一）收集原始资料

原始资料包括两个方面，一方面是摆在你眼前的问题所需的特定知识的资料，另一方面是你在日常生活中连续不断累积储存的一般知识的资料。

那些与你现在所遇到的问题有关的资料都称为特定资料。我们以产品销售为例。大家都在不停地诉说拥有对产品以及消费者深入知识的重要性，而事实上，却很少为此事努力。如果我们研究得够深够远，就能发现，每种产品都和某些消费者之间有些许相关联的特性，这种相关联的特性就可能导致创意。

再者，连续不断地收集一般的资料与收集这些特定资料是同等重要的。如同每位真正具有广告创作力的人，几乎都具有以下两种重要的性格：

（1）没有什么题目是他们不感兴趣的；

（2）他们广泛浏览各门学科的知识。

广告中的创意，常常是有着生活与事件"一般知识"的人，对来自产品的"特定知识"重新整合的结果。这个过程与万花筒理论中所发生的组合相似。广告这个"万花筒"中的新组合数目是相当庞大的。而里面放置的玻璃片的数目越多，最终构成令人印象深刻之新组合的机会就越多。

如果说收集特定的资料是你面对特殊事务一开始就要做的工作的话，那么收集一般资料就是伴随你一生的工作了。

（二）用你的心智仔细检查这些资料

我们可以把这个过程形象地看作一个内在消化的过程。对这些资料，你要仔细加以咀嚼，正如你要对食物加以消化一样。你现在首先是要寻求事物间的相互关系，以便每件事物都能像拼图玩具那样，汇聚综合后形成适当的组合。创作人员在这一阶段通常给人的印象是"心不在焉，魂不守舍"。此时，会出现下列两种情况。

（1）少量不确定的或部分不完整的创意会被你得到。无论它们是如何荒诞不经或支离破碎，把这些都写在纸上。它们都是真正的创意即将到来的前兆。

（2）渐渐地，你会对这些拼图感到厌倦。不久之后，你似乎要达到一个绝望的阶段，在你的大脑里，每件事物都是一片混乱。

（三）进入深思熟虑阶段

你让许多重要的事物在有意识的心智之外去做综合的工作。在这一阶段，你要完全顺其自然，不要做任何努力。把你的主题全部放开，最好不要去想这个问题。有一件事你是可以去做的，那就是干点其他的，比如听音乐，看电影，阅读诗歌或侦探小说等。在第一阶段，你收集"食粮"。在第二阶段，你要把它"嚼烂、消化"。现在就是到了消化阶段，你要顺乎自然——让"胃液"刺激其流动。

（四）实际产生创意——"我终于找到了！"

如果在上述的三个阶段当中，你的确尽到了责任，那么你就将进入第四个阶段：突然间会出现创意！可能是由于某种偶然因素的激发，也可能根本没有任何充足的理由。或许它来得不是时候，你正在化妆，或是正在洗澡，或者最常出现于清晨的半醒半睡之间，或在夜半时分把你从梦中唤醒。这就是创意到来的情形，在你竭尽心力之后，休息与放松之时，它就那么突然地跃入了你的脑海。

（五）最后形成并发展此创意，使之能够得到实际应用

这就是创意的最后阶段，真可谓黑暗过后的黎明。在这个阶段，你一定要把你可爱的"新生儿"带到现实世界中，让它能够符合实际情况，让它去发挥作用。

你甚至还会惊异地发现，好的创意似乎具有自我完善的本领。它会刺激那些看过它的人对其加以完善，把你以前所忽视而又有价值的部分发掘出来并加以放大。

三、创意步骤

我们一直都在说，创意既是思维创新，也是行为创新。创意从本质上说应该是丰富多彩、灵活多变、无拘无束的。它不应该墨守成规或固定为某种模式。但为了使初学者快速领会创意过程，我们在这里还是以企业创意为例，归纳出了若干步骤。

（一）明确目标

创意者必须弄清创意的本意，并从中提炼出主题，把有限的时间与协作者的智慧汇聚其中，避免产生歧义或南辕北辙。

（二）环境分析

企业的内外部环境是进行创意的依据，因而要对环境进行透彻的分析，以引发合乎环境的正确创意。

我们通常所说的企业外部环境包括政治环境、社会环境、经济环境、文化环境等，内部环境包括生产状况、经营状况、管理状况等。

（三）开发信息

创意者要想获取并开发信息需要对企业提供的资料和亲自深入企业各方面所取得的第一手资料进行认真分析。在开发信息过程中要借助人脑与电脑的合作——人脑对企业现实的感性分析和电脑对信息的量化分析，进行整理加工，去粗取精，去伪存真。在反复的调研、探究、切磋的过程中，创意者不仅对情况了如指掌，而且产生了强烈的创意冲动，这时就可进入下一个步骤。

（四）产生创意

创意既是灵感闪现的过程，也是一种可以组织并需要组织的系统工作。引发创意一般要具备以下十一个条件：

（1）灵敏的反应能力；

（2）卓著的图形感觉；

（3）充裕的情报信息量；

（4）清晰的系统概念和思路；

（5）娴熟的战略构思和控制能力；

（6）高度的抽象化提炼能力；

（7）敏锐的关联性反应能力；

（8）丰富的想象力；

（9）广博的阅历；

（10）多方位思考问题的灵活性；

（11）同时进行多项工作的能力。

（五）制作创意文案

创意文案也可称为创意报告，一般可以分为以下几个部分。

（1）命名。命名要简洁明了、标新立异、寓意深远、画龙点睛。

（2）创意者。说明创意人的单位及主创人情况。注意着重体现创意者的名气与信誉，使人产生信赖感。

（3）创意的目标。突出创意的独创性和适用性，目标概述的用语力求准确、肯定，避免概念不清和含糊的表达。

（4）创意的内容。说明创意者的创意依据、对创意内容的陈述、创意者赋予的内涵及创意的表现特色。

（5）费用核算。列表说明创意计划实施所需的各项费用及可能收到的效益，以及围绕效益进行的可行性分析。

（6）参考资料。列出完成创意的主要参考资料。

（7）备注。说明创意实施要注意的事项。

（六）总结

创意文案付诸实施后的半年或一年后要进行归纳总结，对执行文案前后的资料进行对比分析，以总结经验、吸取教训。

四、创意过程的意义

这里提出的"创意过程"是一个富有深刻内涵的概念，它是自然和社会以及思维运动在时间上的持续性和空间上的广延性，是矛盾存在和发展的统一体。我们从过程中认识事物要认识事物的来龙去脉，把握事物的发展规律。创意，作为一种复杂的思维过程，起源于自觉的有意识的思考，不仅仅是搜索、接受和重组必要的信息，提出各种可能的方案，而后还有一个孕育阶段，即在意识和潜意识中进一步思考和酝酿各种信息重新结合的可能性，最后通常都是由于受到某个因素的启发，以灵感的方式突然出现，瞬间完成整个思维过程。

第四节
创意主体

扫一扫

　　毋庸置疑，创意的主体肯定是人。人们从事创意实践的过程，其实就是一个与环境交换能量和物质的过程，在这个过程中，思维起着不可替代的作用。正是因为思维的重要性，国外有许多专家专门从事对人进行思维技能训练的工作；在英国、美国、日本等发达国家，大量学校开设了思维技能训练的课程或讲座。我国对思维科学的研究也由来已久，不少著名的科学家均有涉足。如今，随着社会的快速发展，科学技术水平也在不断提高，创意学作为一门新兴的学科，生机勃勃，蒸蒸日上，充满着活力和魅力，创意在市场经济中的地位也因此显得更加突出，遍布经济生活的各个角落。

一、创意人的概念

（一）创意人与创意思维

创意人就是创意的主体，究竟如何理解创意人的概念呢？本节我们在前面提到的创意思维理论的基础上，从一个全新的角度进一步界定创意的内涵，重点探讨创意思维在人脑中的生成，最终揭示出创意人的概念内涵。

1. 创意的内涵界定

人们对于"创意"一词是汉语词语还是外来语，有着不同的看法。有人考察到"创意"原本就是一个古老的汉语词语，早在 1 世纪东汉王允写的《论衡》一书中就已出现过，其意义是指写文章要有新意。但在以后的作品中，却很少有人用"创意"一词，可见"创意"没有变成一个固定的词语广泛地流行开来。在 1989 年出版的《辞海》中仍然查不到"创意"这个词语。由此推断出，"创意"成为固定词语、术语应是现代之事，应是从外国引进的外来语。

我们从"创意"一词的多种英文表达中就可以证实这一点：在英文中，"创意"并没有形成统一的、被广泛使用的专用名词。据调查，以下三个词都可以译为"创意"。第一，Creative，它的英文原意是有创造性的、有创意力的，现在又常常被人们用作"创意"，例如"Creative Strategy"一词常被译为"创意策略"。第二，Creativity，它的英文原意为创造力，有时被人译为"创意"。第三，Idea，它的英文原意是思想、主意、念头、计划、打算等。这是关于创意最普遍、最有代表性的三个英文单词。它们出自著名广告大师詹姆士·韦伯·扬（James Webb Young）的广告名著 *A Technique for Producing Ideas*，此书被译为《产生创意的方法》。由此，"Idea"作为创意一词被普遍认同并广泛使用。通过对"创意"词源的考察，我们可以更加深刻地理解创意的内涵——好点子。想出点子也就是"创意"，这一概念包含多层含义，最基本的含义是指创造性的想法，一个好点子，一种从未有过的东西。它既是一个静止的概念，又是一个动态的过程。静态的"创意"是指创意性的意念、巧妙的构思，即我们常说的"好点子、好主意"。动态的

"创意"是指创意性的思维，是"从无到有"这一逻辑思想的产生过程。

2. 创意思维及其在人脑中的形成

我们对人类创意思维活动有广义与狭义的认识。广义的创意思维认为，凡是对某一具体的思维主体而言，具有新颖独到意义的任何思维，都可以称为创意思维。它既可表现在科学史的重大发明之中，也可存在于处理日常某个问题的思维活动之中。狭义的创意思维是指在人类认识史上首次产生的、前所未有的、具有重大社会意义的高级思维活动。还有一种更为狭义的说法是把创意思维基本上等同于直觉、灵感和发散性思维，认为只有这几种思维活动才具有创新性。

广义的创意思维是狭义的创意思维的基础，广义层面的理解和狭义层面的理解都有它的限定性，在某种限定性之内，两者都是准确的，都有着很好的研究基础、现实意义和长远利益。经验表明，善于运用创意思维，往往会获得实践上的成功。世间一切科学、经济、军事、艺术的奇迹或成就，无不闪耀出创意思维的神奇光辉。在市场经济日益繁盛的现代，创意思维必将更加活跃。

众所周知，人脑是思维的物质器官和载体，是世界上最高级、最复杂的物质。创意思维究其本质就是人脑的功能活动，即创意思维是直接在人脑生理活动的基础上形成的。正是因为人脑是一个极其复杂的生理结构系统，所以探讨人的创意思维，就不得不涉及对人脑生理结构的分析。但是直到今天，虽然人们对人脑这种在结构上最复杂有序、功能上最奇妙精巧的高级系统，已逐渐有所认识，但是人脑在很大程度上仍然是一个谜，人们将其称为"黑箱"。关于人脑的许多微妙的组织结构、调控机能和活动规律等，我们还知之甚少。正如钱学森教授所指出的，要从研究人脑功能入手来阐明人的思维规律，还要走很长的路。创意思维是在人的大脑中进行的，是一种极其复杂的生理现象。一般我们认为创意思维是大脑皮质在原有刺激物的作用下对留下的痕迹进行重新筛选、组合、搭配和接通，从而形成新的联系的过程。旧的联系简单恢复并不能组合出新的思维观念或信息；产生新的信息必须有过去从未有过的新神经组合，即在人的创意思维中各种神经细胞以全新的、过去没有联系过的方式组合起来。

（二）创意人的界定

现在对创意人还没有一个统一的标准，也没有一个明确的定义，但可以肯定的一点是，只要有思维能力的人都可以产生创意。所以，从广义上讲，创意人就是指提出富有创造性设想的人。从狭义上讲，创意人是指专门从事创意活动，以创意为职业的人。例如在咨询公司、策划工作室、广告公司等组织中进行策划研究、从事策划工作的人们。

随着社会主义市场经济的建立，创意工作已逐渐从某些行业中独立出来，形成一种特殊行业，职业创意人也相继出现。这对社会的发展、人类的进步将更加有利。创意将被更广泛地推广，不断被利用，发挥更大的影响力。创意是无法垄断的，更不是少数人的专利，每个人只要努力和学习，都可以成为一名合格的创意人，甚至成为卓越的职业创意人。

综上所述，所谓创意人，就是在社会生产活动中，在不断地认识世界、改造世界的过程中，运用思维，提供新奇的、独创的、具有社会意义的产物或活动的社会成员。

二、创意人的特性

真正意义上的创意人，是指以自主知识产权为核心的、以头脑服务为特征的、以专业或特殊技能为手段的精英人才，他们对产业有透彻的了解，能够结合中国实际并不断创新。他们不仅拥有对专业本身的掌握能力，而且拥有对社会文化较为深入的理解能力。创意人通常具有以下特征。

（一）思维活跃

好奇心是创意的萌芽。没有好奇心就不会有创意思维，也不会有创意思维的花和果。研究表明，好奇心使创意在活动中具有"多样性"，让人常常产生许多新的联想。

头脑灵活、想象丰富是创意人最显著的特征。《不列颠简明百科全书》对创意人才的描述是："与常人相比，他们有时显得很幼稚，有时则很文雅；有时有破坏性，有时则很有建设性；有时更疯狂，有时更理智……"这种描述不一定适合每一个创意人才，但能基本阐述创意人才的群体特征。他们独立思考，自信，自主能力强；争强好胜，感情外露；兴趣广泛，特别表现在乐于寻求具有竞争性的合作，去应付各种形式的困难和挑战。创意人才具备实现自我价值的强烈愿望，并具有鲜明的个性，很难满足于一般的事务性工作，更热衷于具有挑战性、创造性的任务，追求完美的结果，渴望展现个人才智，实现自我价值。创意人才不仅才智突出，精通专业，而且大多个性突出，思维与行为方式极富个性。

（二）富有创新精神

创意者必须有鲜明的挑战与冒险精神，这是因为创意往往是要走前人未走的路。曾有人对 100 位重要人物做过调查，他们"几乎是在积极地寻求挑战中成长的"。

当然，创意人从不循规蹈矩、墨守成规，他们的创意来源于对常规的突破，因此，他们善于创新、敢于创新，勇于打破常规。他们知道，只有勇于创新、敢于创新才有可能产生创意。他们具有强烈的创意冲动，不但善于冲破旧的发展观念，颠覆旧的要素组合方式，而且善于创造新的理念，重新组合各种要素，使其焕发出比过去大得多的生产力。这些人通常都有独立的见解，能够打破陈旧的精神状态。一个创意人不轻易下判断，勇于承担风险，他们尊重创新，经常有思想碰撞，让这种"头脑风暴"去吹动创意的风帆。他们依赖灵活高效的创意产业，迅速地实现科技和文化成果的市场转化，社会和市场对他们的反响越热烈，他们的创意活力就越旺盛。

（三）审美力强

创意人才的重要特征之一就是对美的追求，其实创意和美有不解之缘。创意者对他们的工作有强烈的"美感"要求，他们都追求"全面的、优雅的"解决方案。他们思考和表达的严密性和最终产品的优雅性有直接关系。可以说，美学是一种高层次的创意科学，两者相结合可以把两门学科的发展推向一个崭新的阶段。艺术学、美术学等学科的发展，显示了这一方向的强大生命力。有意识地培养和自觉提高"美力"正在成为普遍趋势。

（四）全神贯注

前面说过，创意的关键就是专心致志。创意者一进入创意状态，便无所顾忌，全身心都投入进去，常常忘了世界、忘了时间、忘了自己，达到苦心孤诣、如痴如醉的境界。正如创意学家贝利说的："事实上任何领域的发明创意，在解决创意性任务时都需要全神贯注，不集中精力，创意者就无法取得有用的成果。"

（五）坚韧不拔

坚韧不拔、锲而不舍、长期拼搏、百折不屈的精神在创意中尤为重要。一位创意学家说："要想取得有历史价值的创意业绩，花费十年岁月绝不算长。如果在十年中没有适应环境及闯过障碍的热情、气质和执着的追求，是干不出大事业的。"

（六）兴趣广泛

创意者要有广博的求知欲和多学科的知识，这是由创意具有高度的综合性、跨学科性所决定的。因此，大多数创意性人才的兴趣十分广泛，他们善于运用"他山之石"攻创意之"玉"，出其不意地解决创意难题。

（七）珍视自由

想象的自由、思考的自由和行动的自由对创意者来说尤为珍贵。这些方面越自由，创意成果就越丰硕。巴伦曾指出："以不平常或独特的方式做出回答的能力随自由的增加而增加。"创意思维一般具有超前性，因此应当允许另辟蹊径。

（八）豁达幽默

创意者通常胸怀创意大目标，关心创意格局，注重净化心灵，摆脱俗气，他们很少会在生活小事和物质追求上斤斤计较。他们喜欢抓住事物的本质和根本，不会被眼前的琐事弄得眼花缭乱，也不会对经常出现的枝节问题患得患失。他们豁达大度，不拘小节，富有幽默感。他们既不会因别人的诋毁诽谤而悲观丧气，也不会因自己的失败而气馁，更不会因一时的成功而得意忘形。幽默感是灵活思维的兴奋剂和调节器，常与灵感形影相随，以保证创意之路的畅通。幽默感也是抚慰心灵的镇静剂，使人保持一种坦然的乐观心境。

总之，富有幽默感标志着一种内在心理的自由，有了这种自由，就会有成功的创意。

（九）趋于年轻化

从事创意类工作的人员与传统产业从业人员相比，总体上较为年轻。一方面，文化创意产业在我国刚刚起步，正处于上升阶段，其展现的活力和生机更多地吸引年轻人；另一方面，创意人一般都有独立自主、自由的要求，不愿意接受过多条条框框的束缚，对宽松自在和公平竞争的工作环境的需求强烈，他们拥有更多的创造性和创意激情，也更富于想象，更敢于创新，因此也更适合创意产业的发展。一般而言，在创意企业中，创意设计及推广部门员工的平均年龄只有 25 岁，这些人才做的设计案例非常出色，拥有很强的创新色彩。这些年轻人的创意和创新正是给企业增加生命力和活力的关键。

（十）流动频繁

创意人才具有较大的工作流动性，主要是因为创意产业的门类复杂繁多，各个门类之间既相互区别又相互交融和共生。一方面，创意产业一般是以创意项目为载体，以创意团队为核心的新型组织形式。生产组织形式表现为松散的个体劳动和简单的集体协作，该领域的从业人员大多属于自由职业者，一般不从属于某个固定的经济体，经常会去寻求更大的发展空间，这就决定了创意人才的高流动性。另一方面，知识陈旧周期的缩短，促进了创意人才流动的加快。由于创意人才比较年轻，头脑灵活，追求自我增值的动机使其具有较高的流动意愿，而发展上升阶段的创意产业也给从业人员提供了巨大的机遇，因此创意人才一般不会固守在某个工作岗位上，这也就决定了他们与企业的工作关系是暂时的、松散的。由于世界经济发展不平衡，许多发展中国家的人才流向发达国家，创意人才移民比重增长迅速，因此近几年来创意人才流动失衡。

（十一）独特的价值观

创意人才工作，是希望寻求一个能发挥专业特长、成就事业、实现自我人生价值的平台，并不仅仅是为了单纯的薪资报酬。他们的目标不只是创造利润，创造利润过程中的愉悦和成就感才是他们最在乎的。他们往往更看重成就激励和精神激励，而把金钱、职位等物质激励放在次要的位置，工作中所获得的成就感就是对他们最好的激励。不仅如此，由于对自我价值的高度重视，创意人同样格外看重他人、组织及社会的评价，并强烈希望得到社会的认可。

小商品创意设计
二三三三三二二三二

第 二 章

创意设计概论

第一节
图案创意设计

一、图案的概念

图案，顾名思义，即图形的设计方案。《辞海》对图案的广义解释：为了对造型、色彩、纹饰进行工艺处理而根据事先设计的方案所制成的图样；狭义则专指器物上的装饰纹样和色彩。

图案的设计，主要从写生、变化、构成三个方面进行。通过对自然物象的收集，提供装饰变化的依据，运用美的形式对自然形态进行主观理念的归纳、简化、夸张、加强等，使之构成装饰形态。图案的装饰变化在造型、构图、表现上不受自然形态的局限与束缚，可以根据不同创意和需要来构成。

图案与人们的生活密不可分，它把生活中的自然形象进行整理、加工、变化，使之更加完美，更适合实际应用。生活中具有装饰意味的花纹或者图形都可以称为图案。系统地了解和掌握图案的基础知识和设计技能，不仅能提高对美的欣赏能力，而且能在实际应用中创造美，得到美的享受。

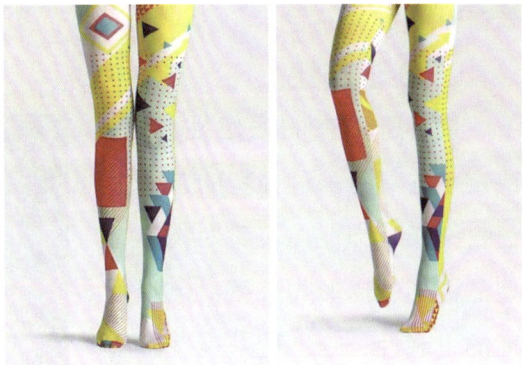

图 2-1　袜子的图案装饰应用

二、图案的基本特征

（一）实用性

图案与绘画、雕塑、摄影等视觉造型艺术不同，它主要用于修饰人们生活中的实用物品，通过装饰点点滴滴的生活用品、环境和角落，在满足人们日常物质生活需要的同时，给人以美的享受，而不以观赏为唯一目的。在现代生活中，图案的实用性还体现在通过美化商品达到提高购买力、创造经济

图 2-2　狮子造型门环

效益的作用。

（二）装饰性

图案所具有的适应性特征，决定了它具有一种独特的艺术性语言，即装饰性，表现为物象造型的概括、变形与夸张，色彩处理的主观性、归纳性，表现手法的平面化、单纯化，组织构成上的秩序感、条理性，吉祥寓意、奇思妙想和理想化形象的组合美，以及与加工技术相适应的材质美、工艺美等。

（三）依附性

图案只有依附于一定的物质产品才能真正体现其价值，因而图案具有较强的依附性。它的依附性主要体现在两个方面：一是

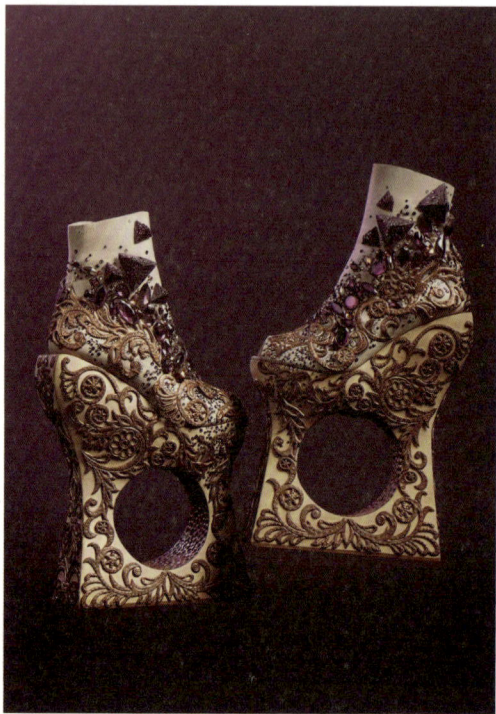

图 2-3　传统纹样装饰鞋履

图案受到装饰对象工艺制作技术的制约，表现为设计与制作是有机结合的一个完整过程，图案设计只有通过一定的材料工艺加工成为物质产品，才能体现其价值功能。不同类别的图案必须适应不同的工艺制作条件及物质材料，适应不断改进的新工艺和不断出现的先进技术设备。二是要适应各种不同的使用目的、使用环境，考虑使用对象的审美习惯等因素。

图 2-4　餐具的图案装饰应用

三、图案的应用范围

图案的应用范围十分广泛，从服装服饰、商标标志、广告装潢、包装设计、纺织印染到饰物挂件、建筑装饰、家具灯具、陶瓷器皿、工艺礼品等。这些拥有精美材质和优良工艺，实用性与装饰性高度结合的商品、产品，丰富、美化了我们的生活环境，满足了人们日益发展的物质需求和审美需求，给人们的生活带来了无限情趣。

扫一扫

图 2-5　家居图案

四、图案与装饰的分类

图案与装饰的分类方法有很多种。

（1）按维度分有平面图案（如地毯、织锦、刺绣图案）、立体图案（如家具、陶瓷图案）。

（2）按造型意向分有具象图案和抽象图案。

（3）按历史范畴分有原始社会图案、传统图案、现代图案。

（4）按社会关系分有宫廷工艺美术图案、民间工艺美术图案。

（5）按工艺品种类分有青铜图案、陶瓷图案、漆器图案、印染图案、织锦图案、工业造型图案、家具图案、商标图案、书籍装帧图案等。

（6）按图案的结构分有单独图案、角隅图案、边饰图案、连续图案等。

（7）按装饰题材分有植物图案、动物图案、人物图案、风景图案、器物图案、文字图案、自然现象图案、几何图案以及由多种题材组合或复合的图案。

图 2-6　刺绣图案

图 2-7　自然图案

图 2-8　文字图案

图 2-9　抽象图案

五、图案的造型手法

图案变化的一切创作灵感来源于生活、来源于自然界，在图案设计的学习中，我们需要通过写生去培养敏锐的观察力、分析力、表现力。写生是我们学习图案设计的第一步。然后通过图案造型变化手法将自然形象变为装饰形象，再根据实际需要进行构图与配色，从而完成符合审美的图案设计。

造型手法多种多样，具体有简化法、添加法、拟人法、巧合法、夸张法、几何法、象征法、组合法等。

（一）简化法

抓住物象最美、最主要的特征，去掉烦琐的部分，通过归纳、概括、省略等方法，使物象更单纯、完整，以加强整体特征的表现。简化法是将自然形态的素材变为装饰造型的基本前提。

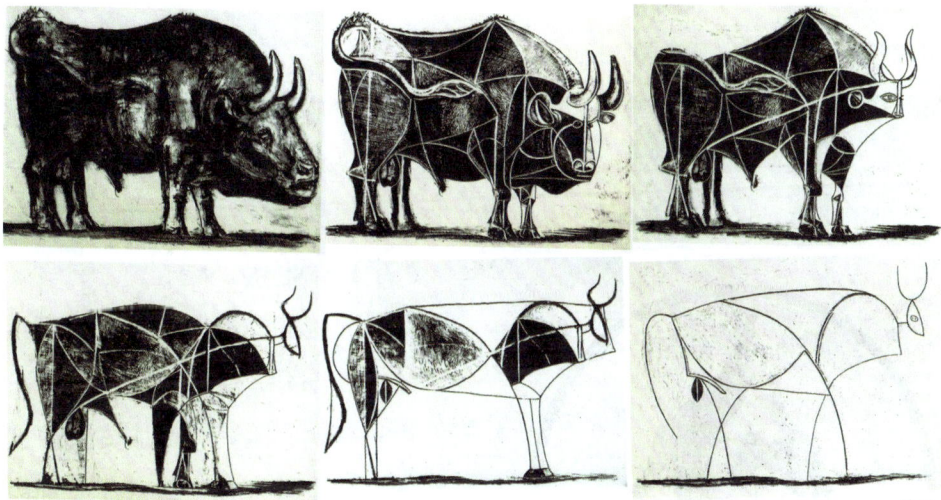

图 2-10　毕加索的《公牛》

如菊花，花瓣多，瓣形复杂，通过删繁就简、以少胜多的处理，可使形象特征更加鲜明。

（二）添加法

添加法是为了使图案的纹样更加丰富、更加理想的一种造型表现方法。在提炼概括素材的基础上根据设计需要添加装饰纹样，以增加图案的装饰情趣和浪漫色彩。主要包括：寓意性添加、联想性添

图 2-11　马的添加装饰表现

加、肌理性添加与抽象图形添加。

（三）拟人法

把动物、植物的形象与人的性格、外貌特征联系起来，表现出人的表情、动态和感情，如童话、寓言和动画片中常采用的拟人法，使图案更具有想象力和幽默感。

（四）巧合法

巧合法是一种巧妙的组合方法，如传统图案中的"三兔""三鱼"等。

图 2-12 《老鼠嫁女》剪纸

在图案设计中，选用某些典型的特征，按照图案的规律，巧妙地组成新的图案形象，使它更富有艺术魅力，如设计的形象巧妙地共用同一条轮廓线或共用局部的形状。但要注意整体的协调性，充分发挥自己的想象力和创造力。

（五）夸张法

强调、突出自然物象中能够引起美感的主要部分，使原有的形象特征显得更加鲜明、生动，更加典型和具有魅力。夸张是一种整体感受，对物体最具体的特征进行提炼并演绎，使长处更长，弯处更弯，虚处更虚。

图 2-13 三兔共耳图

（六）几何法

几何法是指抓住物象的特征，根据工艺制作、设计要求，把富有变化的物象处理成几何形状的造型手法，如三角形、圆形、方形、折线形、弧

图 2-14 夸张的孔雀

线形等，使其更具有理性美和逻辑美感。几何法是一种抽象夸张的方法，就是以几何概括自然形象，使其规则化、几何化、装饰化。当然，在变化过程当中，我们应该注意形式美的法则。在造型的变化之中，寻求肌理、色调、神态等表现手法的统一。

图 2-15　人物的几何图案表现

第二章　创意设计概论

六、传统图案的设计与应用

中国传统艺术的内蕴是现代设计取之不尽、用之不竭的宝藏。它形态多样，内涵深厚，蕴含着我们古老民族创造和审美本原的精神。中国传统图案在漫长的历史长河中发展演变，有着独特的审美习惯和传统文化内涵。发掘和提炼出中国传统图案元素，使中国设计在国际化发展中更具民族特色，一

图 2-16　传统陶瓷图案

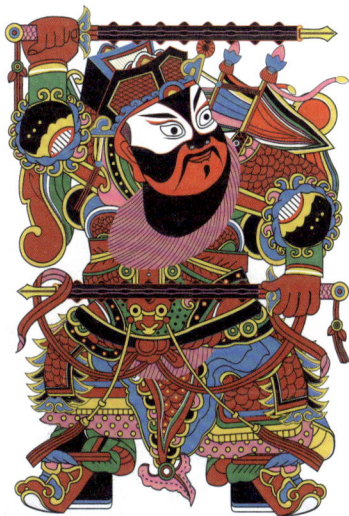

图 2-17　传统门神图案

直是众多设计者探索的课题。

（一）传统图案元素的形态分析

1. 装饰图案

我国传统装饰图案大都具有一定的意境，寄寓一定的思想意识，有一定的文化渊源，表达了人们对美好生活的向往。从传统图案存在的基本形态和人们的创作心理来看，它的创造目的是实

图 2-18　鱼跃龙门双喜图

用与审美的完美结合，其以丰富的艺术想象力，综合理性和感性思维方式，运用特有的视觉形态，向世人传达着独具特色而朴素宜人的视觉信息。它重叠了实用意识、民俗风情、伦理道德、宗教习俗，是世代相传的文化心理的艺术形态体现。传统装饰图案中的点、线、面、体、色彩、肌理的构成，充满着人类的审美意识和情感，具有多样与统一、对称与平衡、尺度与比例、节奏与韵律的特征，这些特征共存于同一画面中，体现了装饰遵循的秩序感和艺术规律。

2. 文字图案

文字作为一种特殊的图形，除了作为语言信息的载体在物化层面上呈现着"形"之外，更是具有直观诉求力的视觉传达要素，代表着文化层面上的含义。汉字的结构在保持了象形因素的同时，又具有抽象符号的意义，这就使书写汉字的书法艺术，不是单纯的书写，而是应用笔画的结构和运动，具

图 2-19　书法在设计中的应用

有多样和自由的形式，符合形式美的法则，从而展现深远的意境。比如楷书的壮美、行书的妩媚、隶书的古朴、草书的韵律。如果我们把中国书法艺术的形、神、意恰当融入艺术设计之中，完全有助于形成具有强烈文化意味的民族特色作品。

3. 传统色彩

中国的传统装饰艺术拥有五彩缤纷的赋色体系，形成了中国的民族色彩观，这也为现代设计艺术提供了丰富的视觉语言。传统装饰色彩具有表现性，关注自然景物色彩的形式美，研究自然色的色相、色调、明度、纯度及其搭配规律，而又不受自然色彩的限制和束缚，在自然色彩的基础上进行想象和联想，表达情感，形成象征。

图2-20　陕西宝鸡社火脸谱

在中国传统文化中，色彩被赋予了特殊的含义，可以表明身份和地位，深刻地表达人的观念和信仰。在不同的环境和条件下，色彩是一种富有象征性的媒介，能体现出情感、文化意味等。

（二）传统图案在现代设计中的应用方法

传统图案经过千百年的发展演变，已经成为独特的民族文化，但随着时代的发展，有些传统图案已经不符合时代的审美，只有突破传统局限，并与现代科技和时代精神有机地结合起来，在构思上、造型上、艺术上进行突破，才能反映现代人的思想感情、使用要求和审美意识，达到古为今用的目的。

1. 直接选用

中国传统图案的资源极其丰富，尤其是吉祥图形符号，它是中华文化最典型、最有代表性的"典籍"。如龙、凤、麒麟、朱雀、玄武等图案，意纹、回纹、水纹、太极八卦、中国结等纹样，在现代设计中将其逐步挖

图2-21　剪纸皮影的应用设计

掘、变化，内涵丰富，意义深远。当然，我们不能直接挪用，要有一个选择的过程，不是任何传统图案都可以直接照搬的，我们更多的是对其部分装饰图案、造型元素的吸取，装饰技艺上的采用，以及装饰内涵、装饰风格等的采纳。直接使用传统图案时要注意两点：一是量要适度，手法要合理，讲究文脉，尽量不要堆砌不同时期、不同风格的装饰元素；二要注意现代装饰对象与装饰题材是否吻合，要考虑其暗含的文化寓意，在造型装饰、色彩装饰中选用切合主题的传统图案。

2. 提取和重构

提取和重构即对传统图案中的造型、图案、色彩等进行装饰形象上的概括，运用各种设计元素、造型规律、文化内涵和艺术设计法则，将传统图形加以提炼、组织、整合，融入现代的审美理念，最终创作出现代设计作品。在设计时，需要按照现代设计手法，将部分传统装饰图案进行现代形式感的抽象与变形，再按照传统图案设计手法进行组合。可以从传统装饰图案中，挑选出能被现代设计所吸取的元素，再将其重构。这种方法在传统装饰艺术的现代创新性设计中是非常有用的，具有很强的适应性，运用得比较广泛。

中国传统装饰元素在国际设计界享有很高的声誉，国际上很多著名的设计作品具有中国文化的气质和神韵，中国的元素、中国的文化是人类文明的一部分。研究传统装饰元素可以拓宽我们的设计思路，适度借鉴和应用相应的传统装饰素材可以体现地域性和民族性特征。通过认真分析传统装饰形式、造型规律和文化内涵，可以发掘和提炼出中国传统艺术的装饰元素。以现代的形态构成和视觉符号系统理论去研究中国的传统元素，可以将中国传统装饰元素与当代审美规律有效地结合在一起，逐步建立现代中国装饰元素的语言系统。通过对传统装饰元素在艺术设计中的地位和意义的分析，结合中国现代艺术设计发展概况与对存在问题的研究，可以发掘、提炼传统艺术中的精华，使之成为中国现代设计的源泉，让中国的传统装饰元素散发出自己独特的魅力。

第二节
色彩创意设计

　　色彩作为商品最显著的外貌特征，能够首先引起消费者的注意。色彩表达着人们的信念、期望和对未来生活的预测。"色彩就是个性"，"色彩就是思想"，在竞争激烈的小商品市场上，要使某一商品具有明显区别于其他商品的视觉特征，达到吸引消费者、刺激和引导消费的目的，就离不开色彩的运用。我们将考察色彩关系的基本特征，看看它们的创造形式和意义。

一、色彩的基础知识

（一）色彩的定义

色彩是一种视觉体验，人们能感知到色彩，主要取决于光。光是产生色的原因，色是光被感觉的结果。当光刺激眼球内侧的视网膜时，视神经会将这种刺激传至大脑的视觉中枢，从而产生色的感觉。

从光学原理上讲，人们的眼睛能看到世界万物的色彩，不是因为物体本身的固有色，而是因为物体具有反射和吸收不同光波的特性。不同的物体所能反射和吸收光波的波长不同，

图2-22 光的反射和吸收

所呈现出的色彩就各异。例如，我们看见了红色的小花，是因为小花有反射红色光和吸收其他光的特性，其反射出来的红色光对我们的视觉产生作用，因此我们认为这朵小花看起来是红色的。

（二）色彩的种类

色彩一般分为无彩色、有彩色和特殊色。

1. 无彩色

（1）定义。

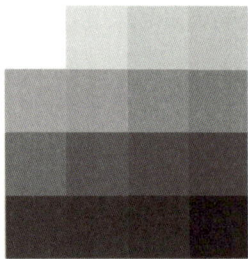

图2-23 无彩色

无彩色系是指黑色、白色及由黑白色相间隔而成的各种深浅不同的灰色系列。

（2）特点。

①从物理学角度看，无彩色系列颜色不包括在可见光谱中，不能称为色彩。②无彩色系列颜色不具备色相与纯度的性质，它们的色相和纯度在理论上为零，而只在明度上有变化。

2. 有彩色

有彩色系是指可见光谱里的全部色彩。有彩色有无数种，它以红、橙、黄、绿、蓝、紫为基本色，基本色之间不同量的混合，以及基本色与黑、白、灰色之间不同量的混合，会产生成千上万种有彩色。有彩色分原色、间色和复色。

图 2-24　有彩色

（1）原色。

原色是任何两种颜色都无法调配出来的颜色，原色有红、黄、蓝三种。

（2）间色。

间色也叫三间色，是指橙、绿、紫三种颜色，是三原色分别叠加产生的颜色。

（3）复色。

调出来的颜色再和别的颜色调和叫复色。或者说三种以上颜色混合出来的颜色叫复色。

图 2-25　原色

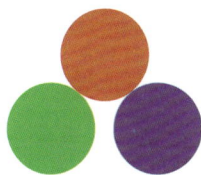

图 2-26　间色

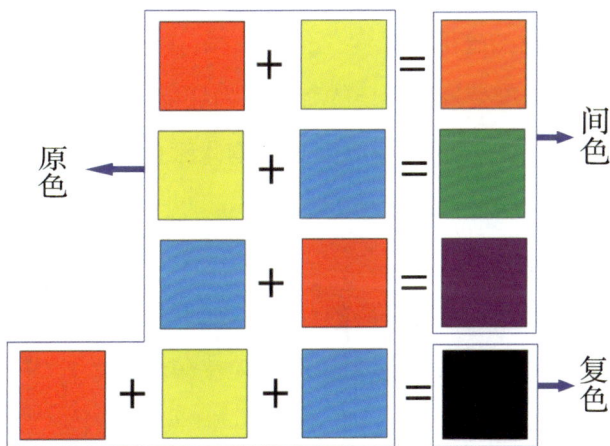

原色

间色

复色

图 2-27　原色、间色、复色

（三）色彩的因素

1. 光源色

由各种光源（标准光源：①白炽灯；②太阳光；③有太阳时所特有的蓝天的昼光）发出的光，光波的长短、强弱、比例性质不同，形成不同的色光，叫作光源色。

光源色同是日光，在早晨时倾向于红一些，中午光最强时接近白光，下午倾向于黄橙一些。总的来说，晴天日光的光源色倾向于暖调子，阴天光源色倾向于蓝紫灰色，也就是冷调子。

2. 固有色

习惯上把阳光下物体呈现出来的色彩效果总和称为固有色。严格说，固有色是指物体固有的属性在常态光源下呈现出来的色彩，是人们在日常生活中对自然物体颜色最常有的概念，如绿色的田野、金黄色的麦田、红色的晚霞、蓝天白云、红花绿叶……

3. 环境色

物体周围环境的颜色由于光的反射作用，引起物体色彩的变化称为环境色。特别是物体暗部的反光部分变化比较明显。同样的绿树在阳光下，亮面是暖绿色，暗部主要接受天光和地面其他物体的反光，显现出蓝绿色，靠地面则成为略深的比蓝绿色暖一点的灰绿色。如果是处在逆光下的绿树就会变成另外一种感觉。同样一条红裙子在暖色调中，和在周围是绿色的环境中是完全不一样的红。它的暗部色彩变化也不一样，前面的暗部受暖调子的影响为深红色，后者的暗部受周围绿色的影响成为红棕色。由于物体的暗部背光，固有色的呈现不明确，同时又受周围其他物体颜色的影响，我们把这种色彩效果称为环境色。

（四）色彩的特性

在视觉上，色彩是无法用一般的量值来衡量的，只能用三个特殊的物理量——波长、纯度和振幅来描述，通常我们用相应的三个心理（主观）量——色相、纯度和明度来描述。视觉所感知的一切色彩

扫一扫

形象都是这三个特性的综合效果，这三个特性即色彩的三要素。明度、色相和纯度是色彩最基本的构成元素。

1. 明度

色彩明度是指色彩的亮度。颜色有深浅、明暗的变化。比如，深黄、中黄、淡黄、柠檬黄等黄色在明度上就不一样，血红、深红、玫瑰红、大红、朱红、橘红等红色在亮度上也不尽相同。这些颜色在明暗、深浅上的不同变化，就是色彩的明度变化。

图2-28　无彩色与有彩色的明度变化

色彩的明度变化有许多种情况，一是不同种类颜色之间的明度变化，如在未调配过的颜色中，白色明度最高，黄比橙亮，橙比红亮，天蓝比藏蓝亮，红比黑亮；二是在某种颜色中加白色，明度就会逐渐提高，加黑色，明度就会变低，同时它们的饱和度会降低；三是相同的颜色，因光线照射的强弱不同，也会产生不同的明暗变化。

2. 色相

色相是指色彩不同的面貌，它是区分色彩种类的名称，光谱色中的红、橙、黄、绿、蓝、紫为基本色相。色彩学家把红、橙、黄、绿、蓝、紫等色相以环状形式排列，就可以形成一个封闭的环状循环，从而构成色相环。

3. 纯度

色彩的鲜艳度，亦称纯度或饱和度。凡有纯度的色必有相应的色相感，有纯度感的色都称为有彩色，无彩色没有色相，故纯度为零。一种颜色的纯度高并不等于明度就高，即色相的纯度与明度并不成正比。

扫一扫

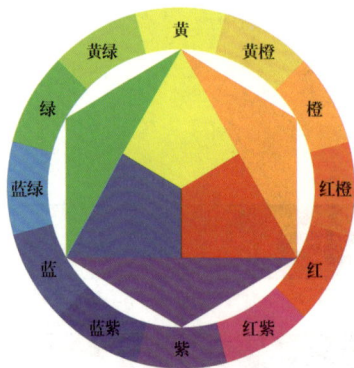

图 2-29　色相环

图 2-30　纯度变化

二、色彩的搭配

（一）对比色、邻近色、同类色、互补色

1. 对比色

色相环中相隔 120 度至 150 度的任何三种颜色。

2. 邻近色

色相环中相隔 60 度，或者相隔三个位置以内的两色，为邻近色，其色相彼此近似，冷暖性质一致，色调统一和谐，感情特性一致。如红色与黄橙色、蓝色与黄绿色等。

3. 同类色

同一色相中不同倾向的系列颜色被称为同类色。如黄色可分为柠檬黄、中黄、橘黄、土黄等，我们称之为同类色。

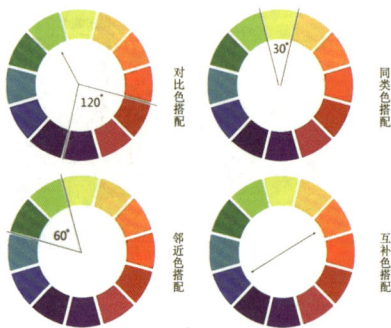

图 2-31　对比色、邻近色、同类色、互补色

4. 互补色

色相环中相隔 180 度的颜色，被称为互补色。如红与绿、蓝与橙、黄与紫互为补色。补色并列时，会引起强烈对比，让人感到红的更红、绿的更绿。

（二）色彩的对比

1. 明度对比

明度对比是色彩的明暗程度的对比，也称色彩的黑白度对比。例如，从同一块灰色的纸上剪下两个小正方形，分别放在一张白色和黑色的背景

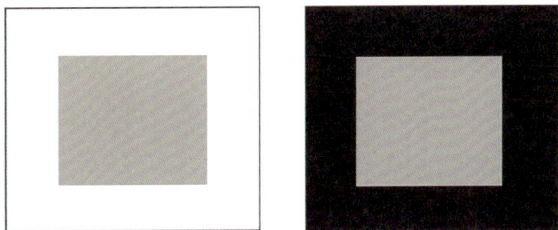

图 2-32　明度对比

纸上，个体会感觉放在白色背景纸上的小正方形变暗了，而放在黑色背景纸上的则变亮了，同时在小正方形与背景相互连接的边界附近，明度对比特别明显。

2. 色相对比

两种以上色彩组合后，由于色相差别而形成的色彩对比效果称为色相对比。它是色彩对比的一个根本方面，其对比强弱程度取决于色相之间在色相环上的距离（角度），距离（角度）越小，对比越弱，反之则对比越强。

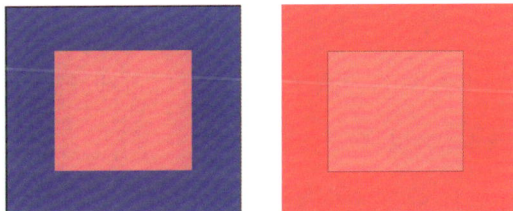

图 2-33　色相对比

3. 纯度对比

一种颜色与另一种更鲜艳的颜色相比时，会显得不太鲜明，但与不鲜明的颜色相比时，则显得鲜明，这种色彩的对比便称为纯度对比。

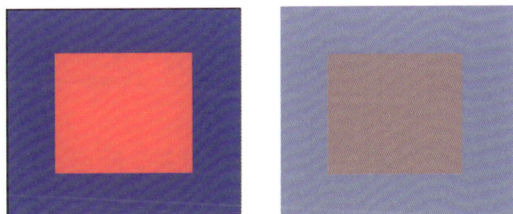

图 2-34　纯度对比

4. 补色对比

将红与绿、黄与紫、蓝与橙等具有补色关系的色彩彼此并

图 2-35　补色对比

置，使色彩感觉更为鲜明，纯度增加，称为补色对比。

5. 冷暖对比

由于色彩的冷暖差别而形成的色彩对比，称为冷暖对比。人们见到红、红橙、橙、黄橙、黄、棕等色后，会联想到太阳、火焰、热血等物象，产生温暖、热烈、豪放、危险等感觉，这些色彩即暖色。人们见到绿、蓝、紫等色后，则会联想到天空、冰雪、海洋等物象，产生寒冷、开阔、理智、平静等感觉，这些色彩即冷色。黑色、白色和灰色是中性色。

色彩的冷暖感觉，不仅表现在固定的色相上，而且在比较中还会显示其相对的倾向性。如同样表现天空的霞光，用玫红画朝霞那种清新而偏冷的色彩，显得很恰当，而描绘晚霞则需要暖感强的大红。但如与橙色对比，前面两色又都加强了冷感倾向。

人们往往用不同的词语表述色彩给予的冷暖感觉。

暖色——豪放、阳光、不透明、大的、扩大、凸出的、热情、热烈、活泼、强性的、稠密的、深的、迫近的、重的、强烈的、干旱的、有感情的、轰轰烈烈的等。

冷色——婉约、阴柔、透明、小的、缩小、凹陷的、镇静、冷静、文雅、弱性的、稀薄的、淡的、开阔的、轻的、微弱的、水润的、理智的、梦幻的等。

（三）色彩的感觉

1. 色彩的轻、重感

这主要与色彩的明度有关。明度高的色彩使人联想到蓝天、白云、彩霞、花卉、棉花、羊毛等，产生轻柔、飘浮、上升等感觉。明度低的色彩易使人联想到钢铁、大理石等物品，产生沉重、稳定、降落等感觉。此外，在相同明度下，暖色通常比冷色要重一些。

2. 色彩的软、硬感

其感觉主要也来自色彩的明度，但与纯度亦有一定的关系。色彩的明度越高、纯度越低感觉越软，明度越低、纯度越高则感觉越硬。纯度低的色彩有软感，中纯度的色也呈柔感，因为它们易使人联想起骆驼、狐狸、猫、狗等好多动物的皮毛，还有毛呢、绒织物等。高纯度的色彩都呈硬感，如果它们明度也低则硬感更明显。色相与色彩的软、硬感几乎无关。

3. 色彩的前、后感

各种不同频率的色彩在人眼视网膜上的成像有前后，红、橙、黄等光频低的色在内侧成像，感觉比较迫近，绿、蓝、紫等光频高的色在外侧成像，在同样距离处给人感觉就比较开阔。实际上这是视错觉的一种现象，一般暖色、纯色、高明度色、浊色、强烈对比色、大面积色、集中色等给人迫近感；相反，冷色、淡色、低明度色、清色、弱对比色、小面积色、分散色等给人开阔感。

4. 色彩的大、小感

由于色彩有前后的感觉，不同频率的色彩在视网膜上成像的大小不同，因而暖色、高明度色等有扩大、膨胀感，看起来更大；冷色、低明度色等有显小、收缩感，看起来更小。

5. 色彩的鲜艳、质朴感

色彩的三要素对鲜艳及质朴感都有影响，其中与纯度关系最大。明度高、纯度高的色彩，丰富、强对比的色彩给人感觉鲜艳、强烈。明度低、纯度低的色彩，单纯、弱对比的色彩给人感觉质朴、古雅。但无论何种色彩，如果带上配色，都能获得华丽的效果。

6. 兴奋与冷静

当我们面对碧绿的湖水或明亮的天空时，就会有一种清新豁达之感。当我们面对火热的太阳或炽热滚烫的沙漠时，则会心浮气躁、懊恼火爆，这便是色彩展现出来的令人冷静与兴奋的特性。当我们看到红、橙、黄等色相时，会变得比较兴奋，我们称之为兴奋色；当我们看到青、绿、蓝、紫等颜色时，则会变得平静，我们称之为冷静色。

（四）色彩的象征性

1. 红色

红色的频率最低，衍射性强。它易使人联想起太阳、火焰、热血、花卉等，令人感觉温暖、兴奋、活泼、热情、积极、豪放、轰轰烈烈、希望、忠诚、健康、充实、饱满、幸福等，但有时也被认为是血腥、原始、暴力、危险的象征。红色历来是我国传统的喜庆色彩。

带棕色的深红给人的感觉是庄严、稳重而又热情，常见于欢迎贵宾的场合。含白的高明度粉红色，则给人柔美、甜蜜、梦幻、愉快、幸福、温雅的感觉，几乎成为女性的专用色彩。

2. 橙色

橙与红同属暖色，具有红与黄之间的色性，它使人联想起火焰、火光、霞光、橙子等物象，是温暖、响亮、激动的色彩，感觉活泼、跃动、炽热、温情、甜蜜、幸福，但也有疑惑、嫉妒、伪诈等消极倾向性含义。

含灰的橙称咖啡色，含白的橙称浅橙色，俗称血牙色，与橙色本身都是装饰中常用的甜美色彩，也是众多消费者特别是妇女、儿童喜爱的服装色彩。

3. 黄色

黄色是所有颜色中最温暖的，给人活泼、愉快、丰收、功名、成熟等印象。但黄色容易与其他色相混，极易失去其原貌，故也有轻薄、不稳定、变化无常、冷淡等不良含义。含白的淡黄色给人感觉平和、温柔，含大量淡灰的米色或本白则是很好的休闲自然色，深黄色却另有一种高贵、庄严感。由于黄色极易使人想起许多水果的表皮，因此它能引起食欲。黄色还被用作安全色，因为它有警戒作用，如室外作业的工作服就为黄色。

4. 绿色

在大自然中，除了天空以外，绿色所占的面积最大，绿色的植物几乎到处可见，它象征生命、青春、和平、安详、新鲜等。绿色是最适宜人眼注视的颜色，有消除视觉疲劳的调节功能。黄绿色带给人们春天的气息，颇受儿童及年轻人的欢迎。蓝绿、深绿是海洋、森林的色彩，有着灵动、开阔、睿智等含义。含灰的绿，如土绿、橄榄绿、墨绿等色彩，给人以成熟、老练感，是人们广泛选用及军、警服装中常见的颜色。

5. 蓝色

与红、橙色相反，蓝色是典型的冷色调，表示宁静、冷淡、敏捷、理智、高深、透明等含义。随着人类对太空事业的不断开发，它又有了象征高科技的强烈现代感。蓝色系明朗而富有青春朝气，为年轻人所钟爱，但也有不够成熟的感觉。藏蓝色系冷静理智，为中年人普遍喜爱。其中略带暖昧的群青色，充满着动人的深邃魅力，藏青则给人以大度、端庄的印象。靛蓝、普蓝因在民间广泛应用，似乎成了民族特色的象征。当然，蓝色也有其另一面的性格，如刻板、冷漠、忧郁、遥不可及等。

6. 紫色

紫色具有梦幻、高贵、优美、庄重、奢华的气质。含浅白的淡紫或蓝紫色，有着类似太空、宇宙色彩的优雅、梦幻、科技之时代感，为现代生活所广泛采用。

7. 黑色

黑色为无色相、无纯度之色，往往令人感觉隐藏、沉静、神秘、严肃、庄重、含蓄，另外，也易让人产生悲哀、恐怖、不祥、沉默、消亡、罪恶等消极印象。尽管如此，黑色的组合适应性却极广，无论什么色彩特别是鲜艳的纯色与其相配，都能取得赏心悦目的良好效果。但是不能大面积使用，否则，不但其魅力大大减弱，还会产生压抑、阴沉的恐怖感。

8. 白色

白色给人的印象是洁净、光明、纯真、清白、朴素、卫生、恬静等。在它的衬托下，其他色彩会显得更艳丽、更开朗。多用白色也可能产生平淡无味的单调、空虚之感。

9. 灰色

灰色是中性色，其突出的性格为柔和、细致、平稳、朴素、大方。它不像黑色与白色那样会明显影响其他的色彩，因此作为背景色彩非常理想。任何色彩都可以和灰色相混合，略有色相感的灰色能给人以高雅、细腻、含蓄、稳重、精致、文明而有素养的感觉。当然滥用灰色也易暴露其乏味、寂寞、忧郁、无激情、无兴趣的一面。

10. 土褐色

含一定灰色的中、低明度色彩，如土红、土绿、熟褐、生褐、土黄、咖啡、咸菜、古铜、驼绒、茶褐等色，性格都显得不太强烈，亲和性较高，易与其他色彩配合，特别是和鲜色相伴，效果更佳。这些色彩也使人想起金秋这个收获的季节，故均有成熟、谦让、丰富、随和之感。

11. 金属色

除了金、银等贵金属色以外，所有色彩带上金属色后，都展现出其华美的一面。金色，富丽堂皇，象征荣华富贵，忠诚；银色，雅致高贵，象征纯洁、信仰，比金色温和。它们与其他色彩都能配合，几乎达到"万能"的程度。小面积点缀，具有锦上添花、提神作用，大面积使用则会产生负面影响，显得浮华而失去稳重感。如若巧妙使用、装饰得当，不但能起到画龙点睛的作用，还可产生强烈的高科技现代美感。

（五）课题实例

在国际通用色标纸中选取200余色为媒介，分两个课题进行。

1. 课题一：摆布色彩关系

（1）要求。

运用色标纸拼贴四幅作业：互补色强对比、互补色弱对比、邻近色强对比、邻近色弱对比。图形要求抽象，四幅基本统一，只变异色彩关系，副标题均为《我喜欢》。这个课题的目的是让大家理解色彩的魅力来自色彩之间的关系，明确个性化色影倾向。

（2）方法。

①色彩的独特属性也被称为色彩的三要素：色相、纯度、明度。课程选择互补色和邻近色作为切入点。

②互补色强对比：尽量展现一对互补色的强烈反差。要求视觉警醒，却不令人反感烦躁，这需要在明度和纯度上进行调节，强化互补色的对比关系。

③互补色弱对比：强调以和谐为主题，减弱对比的关系，但是，平缓之中仍旧要有清晰的补色对比，才能让色彩醒目。

④邻近色强对比：取色相环中冷色系或暖色系中的邻近色。原本和谐过渡的色彩关系中如何显现强对比，给视觉以鲜明的刺激？当色相接近时，必须尽量拉大纯度对比或明度对比。

⑤邻近色弱对比：训练敏感地区别色相微差、冷暖微差、鲜灰微差、明

度微差。弱对比不等于无对比，弱到什么程度才是恰到好处？视觉还可以产生有情致的辨别？这些往往需要反复斟酌。

（3）通过第一个课题的实验，我们可以得出以下结论。

能引起心理深层愉悦的色彩并非某个孤立的颜色，也不是任意并置的原色与间色，色彩的魅力来自色彩之间的关系。要用心协调每个色块之间的补色关系、冷暖关系、鲜灰关系、明度关系，也可以说调色即调关系。

图 2-36 《我喜欢一》互补色强对比、互补色弱对比、邻近色强对比、邻近色弱对比

图 2-37 《我喜欢二》互补色强对比、互补色弱对比、邻近色强对比、邻近色弱对比

2. 课题二：抽象色彩表意

（1）要求。

内容：心象——自我心理象征。在以下词语中选择一个正面心理名词、一个负面心理名词，运用抽象色块象征，每人设计两幅作品。图形限定方形变异或圆形变异，一幅作品尽量选择一种。色彩限定：五色之内，不能有三原色和纯黑、纯白。

正面——高雅、浪漫、幸福、坚定、崇高、纯真、温暖、悠然。

负面——无奈、孤独、惶惑、沮丧、空虚、郁闷、诡异、悲伤、渺茫。

（2）方法。

鉴别表意是否被感知是课程的重点。制造交流的场所，把所有作业并列在一起，要求每个人概述自己的主题，然后接受他人的评判。得不到认可之后只好重新制作。一切落实到视觉直观。

（3）通过第二个课题的实验，我们可以得出以下结论。

色彩与心理密不可分，色彩是感性的。尝试色彩的抽象联想，对红色，不强调联想血液、红旗，而是强调联想热烈、力量、挚爱；对蓝色，不强调联想海洋、天空，而是强调联想宁静、深邃、悠远；对黄色，不强调联想麦穗和橙子，而是强调联想希望、明朗、响亮。

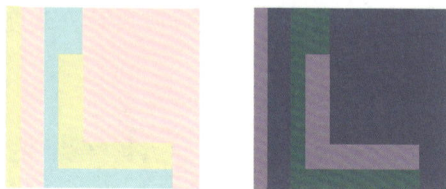

图2-38 《心象——纯真和忧愁》

三、应用色彩设计

色彩设计的功能及应用范围非常广泛，而且它与我们的生活息息相关，因此它的重要性不言而喻。基本上，色彩设计必须具备一个非常专业而且特殊的功能，它必须是一门系统化、弹性化、人性化、实用化、科学化的学问，简略叙述如下。

扫一扫

（1）系统化——色彩设计的应用，在技术上是为了配合主体的市场性，因此必须是复杂却有系统、分门别类的精深的学问，方能符合各种产品设计、生活设计等实际之需。

（2）弹性化——色彩的基本功能是直接透过视觉传达内心的一种感性诉求，而每个人、每个消费群体，甚至世界上的每个种族、国家色彩偏好都有所不同，多样而烦琐，色彩必须成为放之四海而皆准的学问，才能被广泛采用，除了基本原理不变之外，尚须保持高度的弹性化标准，方能成功。

（3）人性化——做学问很容易让人陷入一种不着边际的、数理逻辑游戏式的空谈危机。设计的色彩原本是我们生活环境中不虞匮乏的要素，非常实际，但是对它进行研究、推演时，如果陷入纯理论的领域，且拒绝与实际保持密切的联系，便容易形成谬误，因此色彩的命名、效用、功能、本质，必

然要具有人性化的标准，从人的感觉出发，才不至于陷入空洞的泥沼。

（4）实用化——在这里，实用化是指普遍化与社会化。色彩是大自然的产物，人类文明使人类具有驾驭色彩的能力，以创造心灵之美的第三自然。当然其目的不能离开为满足人类团体的生活需要而服务，因此必须是社会的、普遍的，才能为世人所接受。

（5）科学化——世界上任何有价值的事物，都需要通过真理的评估，方能被确定珍贵之所在。色彩学的逐步完善，也正体现了科学化的成果。

基于以上五点，可从色彩学中寻求科学化、实用化、有系统、有弹性且充分表达出人类原始感情的原理，并将其运用于生活、生产的实际需要上，开启更新颖、更完美的未来世界。

图 2-39 颜色设计

第三节
创意设计构成

生活就是设计，设计是造物，不仅有使用功能，也有一定的美化装饰功能。设计是创造，是造型创造性活动。随着新的数字化时代的到来，审美需求更加多元，每天成千上万的信息不断地刷新着人们的认识。此时此刻，我们也需要一套新的思路与方法去训练我们未来的设计师们，以适应当下的环境。

在设计领域，构成指将一定的形态元素，按照视觉规律、力学原理、心理特性、审美法则进行创造性的组合。构成作为一门传统学科在艺术设计基础教学当中起着非常重要的作用，它对学生在进入专业学习前的思维进行启发与观念传导。

1919 年的包豪斯设计学院在格罗皮乌斯提出的"艺术与技术的统一"口号下，努力寻求和探索新的造型方法和理念，对点、线、面、体等抽象艺术元素进行大量的研究，在抽象的形、色、质的造型方法上花了很大的力气。教学当中的这种研究与创新为现代构成教学打下了坚实的基础。

一、立体构成的概念

（一）立体构成的定义

立体构成是用一定的材料，以视觉为基础，以力学为依据，将一定的形态按照构成的原则和视觉效果巧妙地进行组合，创造成富有变化且具有特点的立体结构。

立体构成主要是形态提取、造型组合、材料的运用这些方面的内容，所以对立体构成的训练往往不用考虑造型的功能性与应用性，而是单纯从审美的角度和思维方法的角度进行训练。

图 2-40　艺术家 Alice Aycock 的公共折纸艺术装置

（二）为什么学习立体构成

（1）使学生对以后课程中所涉及的空间方面知识有比较系统的学习和理解。

（2）通过学习掌握空间思维与抽象思维的方法。还包括对形态的观察与收集方法、形态的分析提取方法、形态的组合运用方法、对形体的综合评价方法。

（3）培养学生合理运用材料的能力，以及动手制作的能力。

（4）使学生在动手过程中，更好地理解立体形态、空间等概念及其相互之间的关系。

（三）立体构成在各专业中的应用

除了传统的建筑、工业设计以外，现在的视觉传达设计、服装设计、首饰设计、室内设计、景观设计、雕塑设计、动漫设计等学科也把立体构成课程作为专业的基础课程。只要是涉及形态和空间内容的学科，都把立体构成作为其教学的基础学科。

三宅一生为意大利灯具品牌 Artemide 设计的"in-ei"灯具，具有三宅一生典型的折叠风格。

图2-41　工业设计——三宅一生 in-ei 灯具

（四）设计专业学习构成的意义和目的

（1）培养学生从观察元素，到提取元素，再到提炼元素，再到组织元素的方法和能力。

（2）对提高学生的审美观察能力、抽象思维能力、组织能力、动手能力都有重要的意义。

扫一扫

二、立体构成的形态

（一）形态的基本概念

在这个立体的世界中充满着各种形态的物体，形态是它们最基本、最直观的识别元素，也是我们认识事物的第一印象。

一个物体的外形轮廓是我们对这件物体最初步、最直观的认识之一。但是在立体构成中，形态所指的不只局限在物体的外形与轮廓上。因为我们从不同的观察角度观察一个立体形态，就能看出不同的轮廓外形，随着观察角度的变化，这个立体形态的外形轮廓也会相应地发生不同的变化。因此在立体构成中，我们所指的形态应该为物体不同角度下外形的集合。

在立体构成中，形态是不容忽视的内容，是研究和表达的主要对象。在教学中，如何让设计专业的学生去理解形态，发现形态中的美，同时掌握提炼形态、组织形态的方法，为以后的设计教学提供有力的支撑，是我们学习立体构成的重要目标。

图 2-42　上海世博会英国馆，设计灵感来源于蒲公英的造型

（二）形态的分类

形态大致可以从成因角度分为两类：自然形态与人工形态。

1. 自然形态

自然形态指在自然法则下形成的各种可视或可触摸的形态。经过千百年的自然进化，这些物体的形态与它们所处的环境紧密联系，形态与环境和谐统一，成为我们取之不尽的设计灵感源泉。

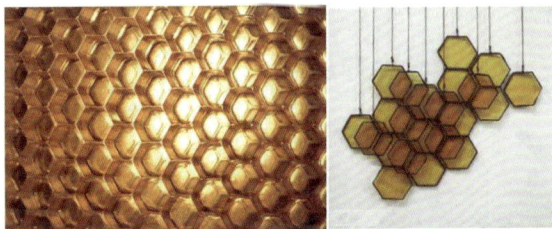

图 2-43　根据蜂巢的形态设计出来的装饰吊饰

自然形态又可分为有机形态与无机形态。

有机形态是指可以再生的，有生长机能的形态，其给人舒畅、和谐、自然的感觉。

图 2-44　有机形态

无机形态是指相对静止，不具备生长机能的形态。无机形态由自然界这位大师，经过千百万年精雕细刻而成。

图2-45　无机形态——流水腐蚀的岩石

2. 人工形态

人工形态指人类有意识地运用工具与材料所创造加工出来的物体形态。人工形态属于人造的形态，人造形态可以来源于人们对自然环境的学习、模仿，也可以来源于人们的提炼、组合与创造。

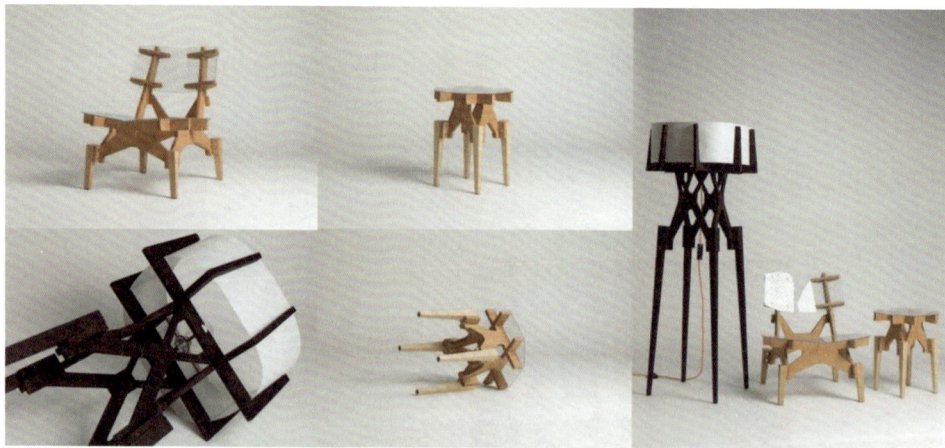

图2-46　具有拼图效果的灯具椅子系列

人工形态根据造型特征可分为具象形态与抽象形态。

（1）具象形态。

具象形态是依照客观物象的构造形态进行的写实表现。创造的形态与实际形态相近，反映物象的真实细节和本质。其往往能真实地反映所临摹物体的外形特征和形态特点。英国设计师 Marc Fish 经常从大自然中寻找设计灵感，比如图2-47中这张外形酷似鹦鹉螺外壳的桌子。

图2-47　桌子外形似鹦鹉螺的外壳

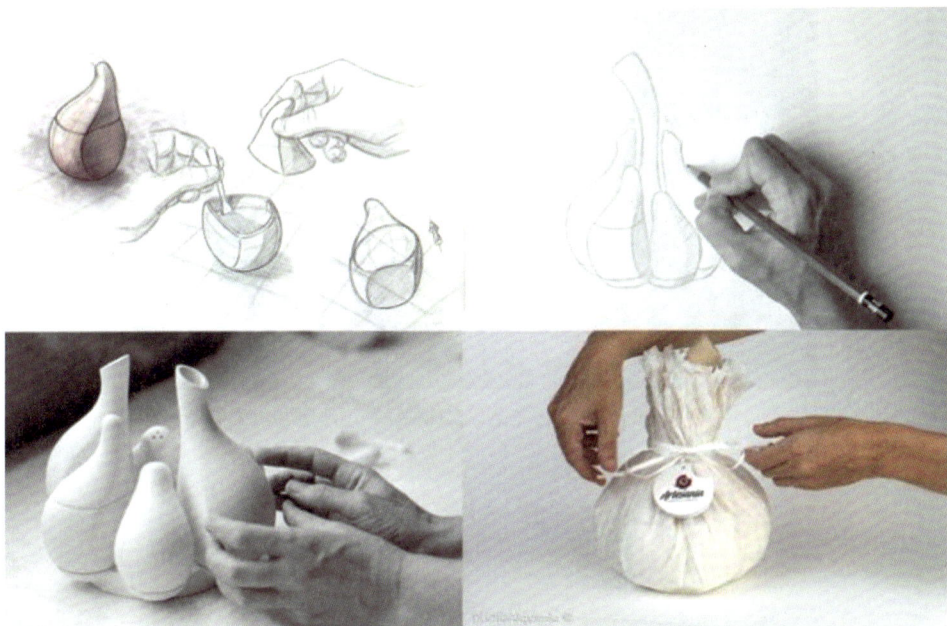

图 2-48 具象形态的大蒜调味瓶

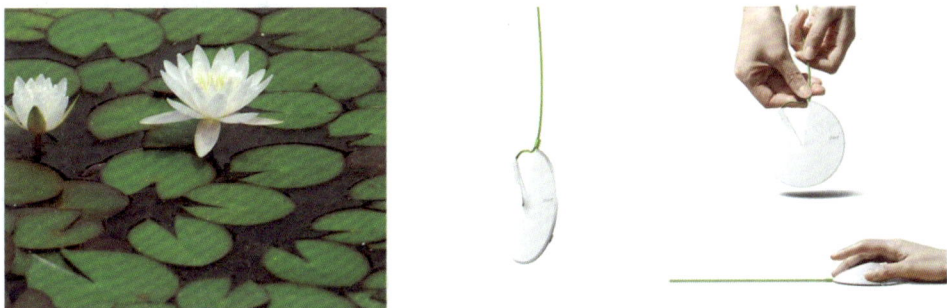

图 2-49 ACE Group 仿照睡莲的外形设计的鼠标

（2）抽象形态。

抽象形态不直接模仿，而是根据原形的概念及意义创造观念符号。抽象形态来源于人们对自然物体的高度概括和提炼。在提炼和概括的过程中，人们将具体的形象简化为纯粹的几何形态。

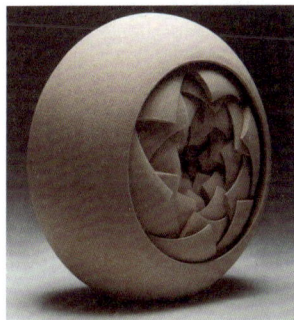

图 2-50 抽象形态的陶艺

图 2-51 日本循环森林抽象景观雕塑

三、立体形态的造型方法

对于学习构成的学生来说，如何获取形态，是在开始学习立体构成时比较难的一个问题，同时如何将构成的练习与接受的写实性绘画训练结合起来，掌握由写实性训练到构成的转换，也是初次接触课程的学生比较头痛的问题。

（一）用眼睛去发现

随着时代的发展和先进科学技术的推动，我们观察世界的方式变得更加多元，我们可以

图 2-52 村山诚描绘的自然界中的花瓣

看到物体的内部结构，可以看到更小的物体局部，也可以看到更遥远的星空。这些技术上的进步都带来了更新奇的视觉体验，极大地刺激了我们的想象力和创造力。

（二）用心去提炼

（1）简化、概括提炼手法。

简化与概括的提炼是以参照物为对象，抓取其主要的特点，略去琐碎的细节，使物体的外轮廓更加精炼，使提取出来的形态简洁而有力，能在一瞬

图 2-53 微距摄影中的雪花

间打动使用者。大自然的元素造就了资生堂 Zen 香水这一系列独特的形状，设计师从自然界中提取了竹节、海螺、石块等形态，作为香水瓶的造型。

（2）破坏已知物体得到新的形态。

对原有的已知形态进行各种剪切、破坏，可以产生各种随机的形态。形态相互剪切，可以打破原有造型的呆板。

（3）分解并重构已知物体得到新的形态。

在提炼方法中，通过分解得到的基本元素，可以是具象的，也可以是抽象的，然后将这个元素按照一定的形势发展进行重新组合。

上海世博会挪威馆建筑的主体是以松树为参考造型，通过分解再重构成世博会展览的主建筑。

图 2-54　资生堂香水瓶

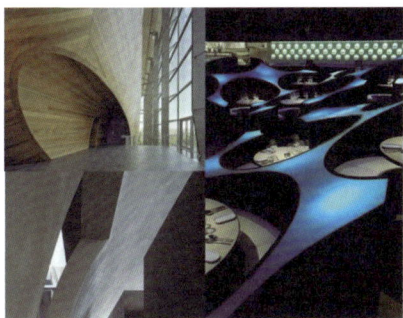

图 2-55　建筑中对已有形态的改变

图 2-56　上海世博会挪威馆

四、构成形态元素的基础造型法则

（一）点的立体构成概念

在立体构成中，点是最基础的元素。点的形态是多样的，不局限于圆形。

空间中相对小的元素都可以被视为点。

立体构成中点构成的作用如下。

（1）空间中的点虽然小，但是我们可依靠点的聚集性能制作各种形态。当许多的点聚集为某个形态的时候，同样能产生震撼的效果。

（2）当点的大小或排列有疏密变化的时候，我们能从中感觉到运动感。

（3）点能形成视觉上的焦点。

图 2-57 点大小的变化，形成运动感

（二）线的立体构成概念

在立体构成中，如果一个物体有明显的长度特征，我们称为线材，用线构成的立体构成称为线的构成。不同形态的线条，有丰富的表现力。线不仅能构成形态的骨骼，也能构成形态的外轮廓。

直线在空间中不同的角度也表现出不同的心理状态。直线在视觉上有向上的上升感，水平的直线给人安静、稳定的感觉，向右上倾斜的直线带有运动感，向右下倾斜的带有消极、悲观的感受。

曲线可以带给我们柔软、优美、优雅的感觉，具有典型的女性化特点。由于长度、宽度、厚度的比例不同，其能产生粗细、长短、曲直等不同的形

图2-58　线的立体构成

图2-59　卡拉特拉瓦的作品

态。几何状的曲线给人严谨、明快、现代的感觉。自然状的曲线给人柔和、自然、富有生气的感觉。

（三）面的形态特征

在立体构成中，面具有几何形、非几何形两大形态。

1. 几何形面构成

面的几何形态的特点是规范性。几何形是规则的，它的基本形态是正方形、三角形、圆形，由直线和几何形曲线构成。规范的几何形给人强烈的秩序感，其规则的变化给人强烈的节奏感。

图 2-60　几何形态

2. 非几何形面构成

非几何形是不规则的，是由自由曲线结合直线构成的自由形，实际上也是由自由曲线组合各种变相的正方形、三角形、圆形构成的自由形。

图 2-61　非几何形态

第 三 章

产品创意设计

第一节
产品概念设计

一、产品概念设计概述

（一）产品概念设计的定义

1. 产品的定义

（1）广义上的产品。

广义上的产品是指为了满足人们某方面的需求而设计生产的具有一定用途和形态的物质产品和非物质形态的服务的总和。所以广义上的产品应包括具有功能效应和利益的实质产品，具有一

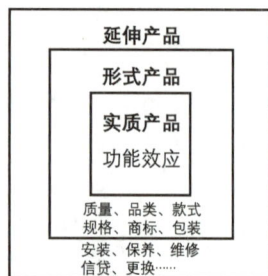

图 3-1　广义产品概念

定的质量、品类、款式、规格、商标和包装的形式产品，以及提供上门安装、维修保养等服务的延伸产品等三部分。

（2）狭义上的产品。

狭义上的产品仅指具有物质功效的使用价值和交换价值的物质产品。

2. 概念产品

概念产品是关于产品总体性能、结构、形状、尺寸和系统性特征参数的描述，是根据市场需求和产品定位而对产品进行的规划和定位，是形式产品设计的依据，用以验证和评价对市场需求的满足程度，以便制定企业所期望的商业目标。

概念产品是对设计目标的全面构想，它描绘了设计目标的基本方向和主要内容。

概念产品不是直接用于生产、营销、服务的终端产品，而是制造企业开拓市场、赢得竞争的工具，是根据用户要求，通过总体性能、结构、规格、尺寸、形状和技术参数等来表述可预见或可以实现的市场可竞争性、可生产性、经济性、可维护性的产品概念。

产品概念设计是产品创新的核心。

中国已经成为工业生产的大国，但还不是工业生产的强国。我国的产品大多以贴牌加工的方式变成了外国的货品，而即使是我们自有品牌的出口，也常因为设计相对粗陋而成了低质低价的代名词，过于注重模仿与引进，不注重自主知识产权和产品创新设计是我国多数产品的通病。一个非常著名的提法是，中国要成为世界产品的"生产车间"，但与那些跨国企业生产的造型新颖、工艺考究的产品赚取的成倍利润相比，这个"生产车间"为自己创造的利润只有1%—2%。

唯有创新，才能令中国企业走上自强之路；唯有重视设计，才能令中国由"制造大国"走向"制造强国"。

中国工程院院士潘云鹤教授在谈到产品创新时说，创新有两类：第一类是原理上的改变，如从无到有的创新，比如科技发明；第二类创新是在第一类的基础上进行改进，这类改进更符合使用者的行为习惯和个性需求。在产品设计过程中，能集中体现这两类创新的工作就是产品概念设计。

概念设计包含七个方面的产品创新。

（1）功能创新：将需求分析转化为功能设计任务书，并针对市场需求进行功能上的改进或创新。

（2）原理创新：按照功能设计说明书，进行产品原理的求取和创新。

（3）形态创新：包括各部件的形状、材料、工艺、表面造型、肌理在内的产品形态创新。

（4）色彩创新：在功能、材料、批量生产的加工手段、生理、人机工程学等条件的制约下，为设计的形体赋予色彩。

（5）布局创新：根据排列方式、配置方式、尺寸比例等要素进行产品布局。

（6）人机创新：考虑产品与人以及环境的全部联系，全面分析人在系统中的具体作用，明确人与产品的关系，确定人与产品关系中各部分的特性及人机工程学要求设计的内容。

（7）结构创新：包括尺寸、结构、部件之间连接关系在内的产品结构创新。

其中，以功能创新和原理创新为主的产品概念设计往往是创造性设计，而以布局创新、形态创新、色彩创新、人机创新和结构创新为主的产品概念设计主要是变形性设计。它们虽存在一定的相互独立性，但在实际的概念设计过程中往往相互影响，相互制约。

3. 产品概念设计的定义

产品概念设计是指由分析用户需求到生成概念产品的一系列有序的、可组织的、有目标的设计活动，表现为由模糊到清晰、由粗到精、由抽象到具体的不断演进的变化过程。

（二）产品概念设计的目的

产品概念设计的最终目的是开发新产品，而新产品必须满足用户需求，这就要求产品概念设计要以用户需求为重要设计依据。用户需求分为显性需求和潜在需求，用户显性需求能够通过分析市场调查数据直接获知，进而指导产品概念设计；用户潜在需求则需要产品概念设计小组充分挖掘需求信息，预测用户的期望，并运用科学的方法将新产品开发的投资风险降至最低。

（三）产品概念设计的特征

1. 创新性

创新性是产品概念设计的本质特征，主要表现在以下四个方面：其一，运用全新的设计理念生产概念产品；其二，在市场调查、分析的基础上，对现有产品的功能进行改进或开发新的功能，以满足市场开拓的需求；其三，对现有产品生产中的技术进行改良和突破，提升产品竞争优势；其四，对产品外观进行创新，给用户与众不同的感觉。

2. 多维性

产品概念设计是一项复杂的工作，涉及社会需求调查分析、产品设计定位、产品功能定义、概念产品模型样机、生产结构设计等多个设计环节。尤其是在设计创意阶段，不仅要多层次、多维度地反复思考问题，还要从设计对象的特点入手，运用抽象发散思维创造性地解决问题，为产品概念设计奠定基础。

3. 综合性

产品概念设计的综合性主要表现在概念、功能、技术三个方面的综合。任何产品的概念均需要综合市场调查、需求分析、同类型产品概念模型比较等多项工作成果，进而做出准确的市场预测。在此情况下，产品功能会具备一定的综合性，并需要综合运用成熟的技术生产产品，赋予产品使用价值。

4. 多样性

产品概念设计的对象是概念产品，与一般性产品相比，概念产品具备形式多样化的特点，不仅可以是三维的实物，也可以是虚拟的电子模式或其他形式。

5. 分类

分为技术应用的概念产品设计、以人为本的概念产品设计、时尚创造的概念产品设计、可持续设计的概念产品设计等。

（四）产品概念设计的市场化

完成概念设计只是第一步，能不能进行第二步细节设计，第三步批量生产制造，甚至投放市场为开发商或企业带来效益等，都是风险问题。

设计师的概念设计毕竟与难以预料的市场需求有着许多差距。如何缩短这一差距，是以往概念设计者的难题。在开发设计的许许多多产品中，只要一百件产品中有几件能够投放市场见效益就是成功。在追求"百分之几"的成功的过程中，减少做"分母"的被动，扩大见效益的百分比，仍是最关键的，是公司管理决策人士和设计师共同努力的方向。

为了更接近产品的市场需求，国际上流行一种"故事版情境预言法"的概念设计，就是将所要开发的产品置于一定的人、时、地、事和物中进行观察、预测、想象和情境分析，其形式是以故事版的平面设计表达展示给人们。于是，产品在设计的开始便多了一分生命和灵气。设计表达在信息时代已有多元化的展示形式，计算机辅助工业设计的发展，尤其是虚拟现实技术在产品概念设计中的应用，已使设计师的设计思路和设计表达如虎添翼。

可以想象，用虚拟的"故事版情境预言法"设计出的产品，让人更多了一种直观的、亲切的及交互的感受，这样开发设计的产品与传统的产品相比，大大减少了投放市场的风险性，也为企业决策人寻找商机、判断概念产品能否进一步开发生产，提供了更好的依据。虚拟现实技术能模拟整个产品开发过程，保证产品开发一次性成功，加快开发进程，甚至使设计者和用户融为一体，设计出满足市场需要的产品。

（五）产品概念设计案例

可穿戴设备即直接穿在身上，或是整合到用户的衣服或配件中的一种便携式设备。可穿戴设备不仅是一种硬件设备，还可以通过软件支持以及数据交互、云端交互来实现强大的功能。可穿戴设备将会对我们的生活、感知带来很大的转变。许多人内心深处都渴望拥有更加炫酷的可穿戴设备。

扫一扫

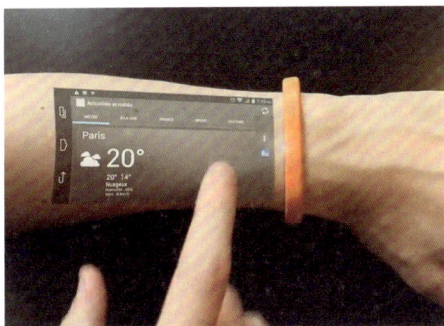

图 3-2 Cicret Bracelet 智能手环

图 3-3 华为折叠屏

二、产品概念设计的方法与流程

（一）概念设计方法学

概念设计的灵魂在于创新性和人性化，只有以技术美学为根基，审美和实用相结合，并且用户全程参与概念设计、设计师挖掘用户潜在需求并超越用户导向的设计，才是最具创新性的设计，才是最人性化的设计。因此，在概念设计中，研究概念设计创新性和人性化所应遵循的原则、规范、方法等将具有重要的意义。

设计心理学、设计信息学、设计符号学、人机工程学、设计管理学将是概念设计方法学未来几年内所要关注的热点。这些研究将极大地丰富概念设计方法学的理论基础。

（二）产品概念设计的过程

1. 产品功能的概念化（市场调研—设计定位）

在产品概念设计的前期，将产品的功能划分、市场定位、目标客户、价格区间等概念，用草图的形式确定下来。产品功能的概念化是设计师在概念设计中最艰巨的任务。

产品功能概念化的实质就是要提出问题，即首先弄清目前存在哪些问题，有什么问题需要在设计中解决，找出构成这些问题的主要因素，提出解决问题的设想和方案，这样才能准确地把握我们将要做的产品概念设计的风格与形式。

2. 概念设计的可视化（产品方案设计）

概念设计的可视化就是把文字和草图形式的产品概念定义通过图样与样机模型转化为更直观、更容易被普通人所理解的可视化形态。也就是把设计概念具象化地表现出来，使原来"无形"的概念成为"有形"的概念产品。这些概念设计图样或模型可以用于企业各部门在开发过程中的协调与沟通，也可用来征求目标客户和企业内部生产与销售等部门的意见，经过对各方面意见的收集与研讨，最终得到的结论可以作为一个产品设计定型的决策依据。

3. 概念设计的商品化（市场化）

概念设计的商品化就是把一个富有创意的概念设计转化为真正的商品。在概念设计的前期，人们对创新的期待与需求赋予了设计师很大的自由创作空间，而在概念设计商品化的过程中，设计师往往不得不对原来的概念产品设计进行必要的修改，把一个概念产品变成具有市场竞争力的商品。在大批量地生产和销售之前有很多问题需要解决，工业设计师必须与结构设计师、市场销售人员密切配合，对他们提出的设计中存在的一些不切实际的新创意进行修改。

对于概念设计中具有可行性的设计成果也要敢于坚持自己的意见，只有这样才能把设计中的创新优势充分发挥出来。

（三）产品概念设计中的创新方法

1. 功能联想

在开发新产品的时候联想到一些老产品已经开发成功的技术和功能，通过联想把这个技术转移并与其他产品联系起来，开发出全新的产品。联想有接近联想、类似联想和对比联想等。

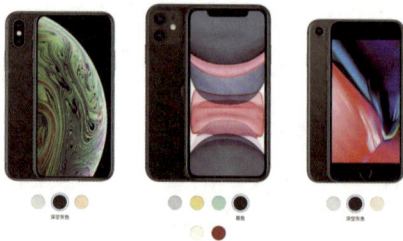

图 3-4 iphone 手机

2. 逆向思维

打破思维定式，反常规地逆向思考问题，这样就很容易发现现有产品的不足。实践证明，运用逆向思维产生的发明成果，一般都具有较高的创新性，如路动人不动的自动扶梯。

3. 扩大与缩小

由于电子技术和材料科学的发展，很多产品可以设计得更加小巧，如把卫星定位仪 GPS 安装到手表上，缩小到只有名片大小的数码相机，等等。把某些产品放大而产生新的功能也是一种创新，如清扫车、蹦床等。运用此方法，有时只要把产品局部细节进行放大或缩小就能达到创新的目的。

4. 缺点举例

收集各种产品进入市场后所暴露出来的缺点和问题。只要找到了问题就可以提出解决的方法。然后，把改进后的新产品投入市场。例如，手机有被误按的情况，就设计出了手机自动锁屏；电脑夜间使用时打字不便，就设计出了背光数字键盘等；为了使电脑操作更灵活，就设计出了 Touch Bar，以及触摸屏电脑。

图 3-5　Mac 电脑中的 Touch Bar

（四）常见产品概念设计形式

1. 超小型设计

在保证产品原有功能与技术指标的前提下，尽量缩小零部件的体积，减小间隙，新技术的应用应置于首位来考虑。超小型产品小巧玲珑，对设计师有强大的诱惑力。

图 3-6　煮蛋器

2. 袖珍型设计

比超小还小，是针对那些随时随地需要，使用时操作频率高的产品的要求，希望可以拿在手中操作，放在口袋中带走，很受消费者的青睐。

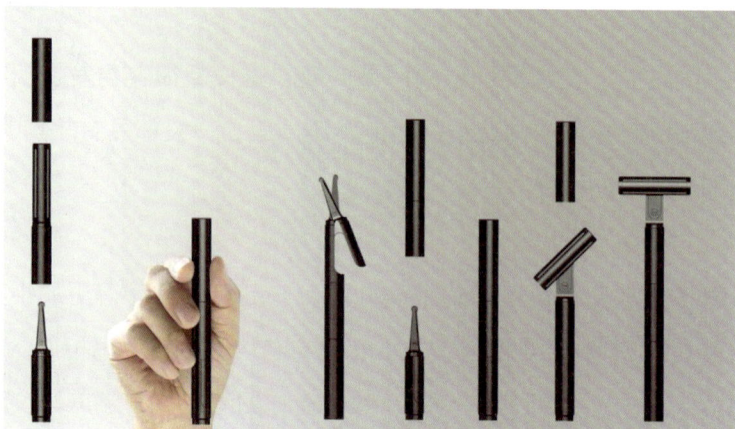

图 3-7　便携式剃须刀

3. 便携性设计

　　某些需要经常改变放置场所的较大型的产品，在设计中，在不影响产品使用功能的条件下，尽量使其中的大部件小型化、轻量化，使原先难以经常挪动的产品成为便于携带的产品。如 ipad 迷你版。

4. 收纳型设计

　　主要针对那些不常使用，并且往往还带有活动结构的工具。为了便于其在大多数处于不使用状态时的整理、

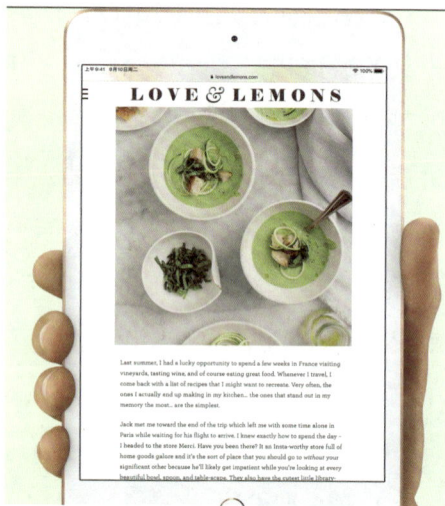

图 3-8　ipad 迷你版

收纳、搬运等，而设计成可收纳的形式，如梯子。

5. 装配式设计

　　一些大型用具为了在不使用时符合整理、收藏与搬运等的需要可设计成装配式。在不使用时可以直接拆成若干部件，需要时可以现场装配，如

图 3-9　折叠收纳桌

图 3-10 折叠衣架

家具等。

6. 集约化设计

对于大量相同形式或系列化的产品，为整理收容时空间的合理利用及搬运的方便，单体都能相互套叠在一起。如公共场所使用的椅子、凳子，超市的购物篮、购物车，机场的手推行李车，咖啡馆、茶馆用的玻璃器皿等。

7. 成套化设计

如茶具、餐具、化妆品、文具等，日常需搭配在一起才能满足生活或工作上某些特定的需要，对这类产品的设计应充分考虑收藏时的便捷性。

8. 系列化设计

同一系列的产品不仅有相同的标准，还有相互能合理匹配的参数与指标，有较强的统一感，如组合音响装置。

（五）设计流程与实践

由于概念设计阶段需要综合考虑功能设计、原理设计、形状设计、布局设计、初步的结构设计、人机工程设计，其中包含了大量的不确定信息和确定信息，而且由于概念设计内部的各个环节相互依赖，互为驱动，无法割裂，因此我们将概念设计阶段分为概念设计第一阶段和概念设计第二阶段。第

扫一扫

一阶段主要解决的是概念形成问题，也称为问题概念化阶段；第二阶段主要解决的是概念生成和概念可视化问题，也称为概念实体化阶段。基于这样一种划分，可以将更多具有创新性的设计前期活动在第一阶段予以解决，而将其他有规则性的设计活动放在第二阶段解决。

此外，概念设计的研究还应注重与设计实践和流程的结合，注重对其他设计阶段集成的研究，如概念设计与需求分析、详细设计等实现无缝连接，从而建立起完整的设计方法学理论。

（六）制作设计计划书方法

表 3-1　项目设计计划书

项目步骤	任务	11月5日	11月12日—11月13日	11月19日—11月20日	11月26日—11月27日	12月3日—12月4日	12月10日—12月11日	12月17日—12月18日	12月24日—12月25日	项目成员
1	明确任务 制订计划	■								负责人：
2	市场调研 明确方向		■							负责人：
3	设计定位 提炼设计元素			■						负责人：
4	创意构思 设计表现				■					负责人：
5	概念设计 明确方案					■				负责人：
6	手板制作 模型修改					■	■			负责人：
7	版面设计 陈述要点							■		负责人：
8	方案评估								■	负责人：

1.主要构思

主要确定项目主题，明确任务。例如，以城市为核心，设计与领带相关的纪念品和周边，运用领带的元素来进行采样及再设计。

2.设计计划

前期：招募人才，根据每个人的特长安排合适的位置和任务。

中期：明确设计元素等，根据市场和调查商讨进行修改完善。

后期：对元素的实体应用，进行实物的制作，留存时间完善模型。

人才团队组建：进行个人项目汇报并且说明自己想招募的队员需要具备什么能力。

三、产品概念设计优秀案例赏析

扫一扫

（一）以人为本的概念产品设计

耳机、音箱两用设计给用户提供了更多的可能性，人性化设计让生活更加便捷。

图 3-11　耳机、音箱两用设计

符合人的感知和使用需要的厨房无接触式计时器设计，给人们提供更多便捷。

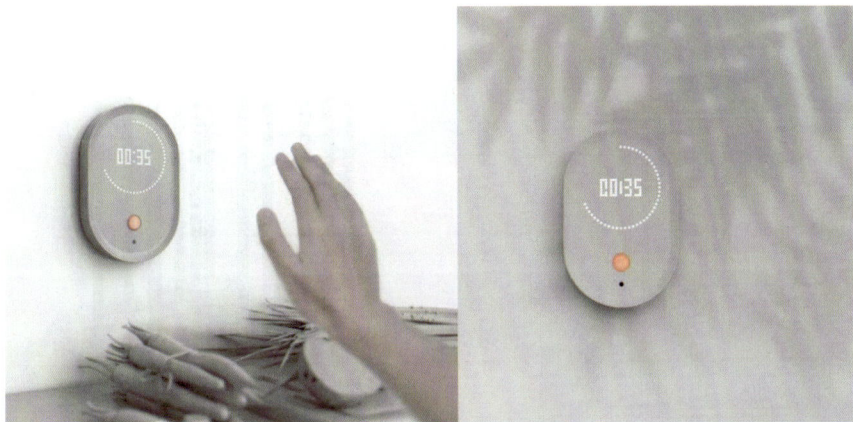

图 3-12　厨房无接触式计时器

（二）应用技术的概念产品设计

相同的技术可以应用于不同的领域或产品中，从而进行产品创新。

图 3-13　加湿器设计

（三）具有环保、公益、可持续理念的概念产品设计

产品设计需要传达环保、可持续的设计理念。

图 3-14　笔架设计

图 3-15 沙漠植物生长器

第二节
竹子类产品创意设计
与实训

一、竹文化概论

（一）竹的文化历史

在我国古代的神话传说中，竹子使用的确切记载源于仰韶文化。1954 年在西安半坡村发掘了距今 6000 年左右的仰韶文化半坡遗址，其中出土的陶器上可辨认出"竹"字符号，说明在此之前竹子已为人们所认识和利用，也就是说我国先民认识和利用竹子的历史可追溯到五六千年前的新石器时代。研究证明，我国商代已知道竹子的多种用途，其中之一就是制作竹简、竹笔。竹简的利用使我国文字记载的历史上溯到殷商时代。从竹简开始到后来用竹子造纸，竹子在文化发展史上始终占重要地位，对保存人类知识，形成中华民族源远流长、光辉灿烂的历史文化起到了巨大作用。

（二）竹文化的核心及特征

1. 竹文化的核心

文人爱竹，不单是爱它的秀美，更爱它的高洁，它那刚正不阿的品性，不畏风霜严寒的品质，正是文人学者所毕生追求的。"凌霜竹箭傲雪梅，直与天地争春回"是竹的自信；"咬定青山不放松，立根原在破岩中。千磨万击还坚劲，任尔东西南北风"是竹的坚强；"一节复一节，千枝攒万叶。我自不开花，免撩蜂与蝶"是竹的清高；"宜烟宜雨又宜风，拂水藏村复间松。移得萧骚从远寺，洗来疏净见前峰。侵阶藓拆春芽进，绕径莎微夏荫浓。无赖杏花多意绪，数枝穿翠好相容"是竹的可人。竹的这种自然属性同人的人格特点有所契合是中国竹文化的核心所在。

2. 竹文化的特征

竹文化是中华文化区别于其他文化的重要标志。竹筷是中餐具有别于西餐具的标志，筒车是中国古人独有的运输工具，竹丝扇是中国能工巧匠的杰作，竹管毛笔是古老中华文化的象征，竹笛是中国特有的乐器，咏竹诗是中国咏物诗的一类，墨竹画是中国花鸟画的重要组成部分，借竹喻人格是中文修辞常用的形式……不必诠释，无须标签，人们自会睹物思人，见景生情。

二、竹材与竹工艺

（一）竹材质种类与介绍

1. 竹材

（1）圆竹。

竹材是我国重要的森林资源，由竹节和节间部分组成的圆竹竹竿是竹材加工利用的主要部分。竹竿有很高的力学强度，抗拉、抗压能力比木材更优，且有着良好的韧性、弹性和弯曲能力。

（2）竹重组板材。

重组竹材是将竹片或竹条碾压疏松后经施胶、顺纹组坯、加压胶合而成的板方材。它是将竹片碾压拉丝后重新胶合压制成的型材，密度更大，硬度更高，胶合程度更紧密。

（3）竹集成材。

竹集成材又叫竹单板、竹家具板，是由一片片或一根根竹条经胶合压制而成的方材和板材，保留了竹子原本的纹理，加工难度小，用胶量少，具有吸水膨胀系数小、不干裂和不变形等优点。

（4）竹鞭。

竹鞭是竹类植物在土壤中横向生长的地下茎，经一定的干燥加工程序后可使用，其外形美观、韧性好、使用寿命长，可用于制造箱包的拎手和纽扣、工艺品等。

2. 新型竹材利用

新型竹集成材家具竹材纹理通直，质感爽滑，色泽简洁，易于漂白、染色和炭化等处理，完全可以和一些阔叶材相媲美。竹集成材是一种新型的竹质人造板，是以竹材为原料加工而成的一定规格的矩形竹片，是经防腐、干燥、涂胶等工艺处理后进行组坯胶合的竹质板方材。新型竹集成材家具就是用这种集成材加工而成的一类新型家具。

根据新型竹集成材家具基材的特点，可开发成三种类型的竹家具。

（1）以榫接合为主的传统家具。这类竹家具结构基本上可采用实木家具的结构，在营造框式家具造型效果时，直接通过板面铣型实现，可节约材料和减少工序，降低成本。

（2）现代竹集成材板式家具。这类竹家具可实现标准型部件化的加工。竹材强度较高，新型竹集成材板式家具在整体造型上更为轻巧、简洁、明快。在结构上，基本上可采用木质人造板连接方式，但连接件强度要求更高，宜使用牙距大、牙板宽而利的专用螺钉或硬木自攻螺钉。

（3）造型优美的竹集成材弯曲家具。新型竹集成材弯曲家具主要发挥竹材较好的纵向柔韧性，打破传统工艺，实现工业化生产以及家具的模数化组合、延展、可移动，整体设计上崇尚天然、朴素、环保的特性。

图 3-16　新型竹集成材家具

图 3-17　竹家具椅子

竹集成材家具基材的天然造型要素依据对竹片表面外形特征的分析，竹片通常具有竹节、端面、弦面和径面。

通常情况下，单块竹片的大小相对于其所在的家具板面是比较小的，在造型设计上往往可将其视为造型形态要素中的线，由此，竹节、竹片端面、竹片弦面和竹片径面就可分别被视为节点、端点、弦面线和径面线。我们可以提炼出竹片在竹集成材家具造型上具有的最基本的构成要素：点和线。这些固有的造型要素具有很强的装饰效果，并赋予竹家具造型以新概念。

竹集成材竹节、竹片端面、竹片弦面和竹片径面就可分别被视为节点、端点、弦面线和径面线进行点或线的造型，并结合炭化竹片和本色竹片拼成美丽图案。

图 3-18　竹片拼贴

竹材纵向柔韧性较好，可充分利用这一特征制造造型优美的竹集成材弯曲家具。在弯曲构件的制作中，实木常用锯制弯曲加工、实木方材弯曲、薄板弯曲胶合和锯口弯曲。竹集成材是对竹片进行定型压模，竹片定型后再按一定的方式胶合成所要的构件，工艺上与实木的薄板弯曲胶合更为相近。

竹集成材家具所用的材料都具有大自然赋予的独特美感以及优越的材料特性，对提高人类居住环境质量有着重要的作用。新型竹集成材家具，因其具有生态性和环保性，集聚了竹材的天然特性，实木家具及板式家具的加工

图 3-19 弯曲的竹造型

特点，打破了传统圆竹家具结构和加工工艺，易于实现工业化生产以及家具的模数化组合、延展，整体设计上崇尚天然、朴素、环保的特性，为国内外消费者所青睐。可以说，这种家具不仅过去、现在为人们所青睐，而且将来也会为人们所喜欢。

（二）竹子的加工生产工艺

在解剖结构上，其维管束相互平行，纹理通直，没有木射线等横向组织，具有极好的劈裂性能。竹材本身具有良好的弹性和柔韧性，新鲜竹材具有热塑性，可以通过加热进行弯曲成型，制造出多种造型别致的竹制品。

图 3-20 竹子的弯曲成型

1. 板形、方形竹集成材的生产工艺流程

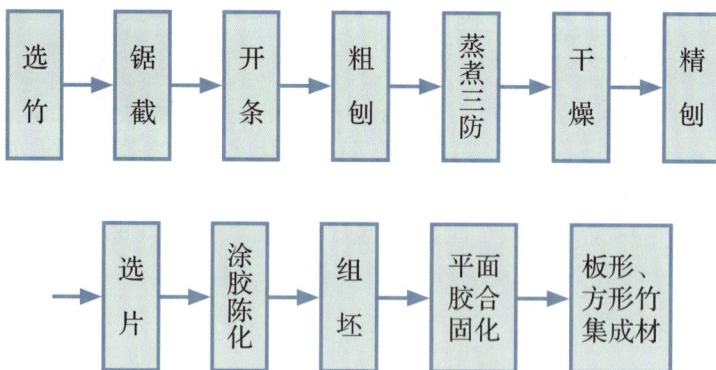

选竹 → 锯截 → 开条 → 粗刨 → 蒸煮三防 → 干燥 → 精刨

选片 → 涂胶陈化 → 组坯 → 平面胶合固化 → 板形、方形竹集成材

图 3-21 板形、方形竹集成材的生产工艺流程

2. 平拼弯曲竹集成材的生产工艺流程

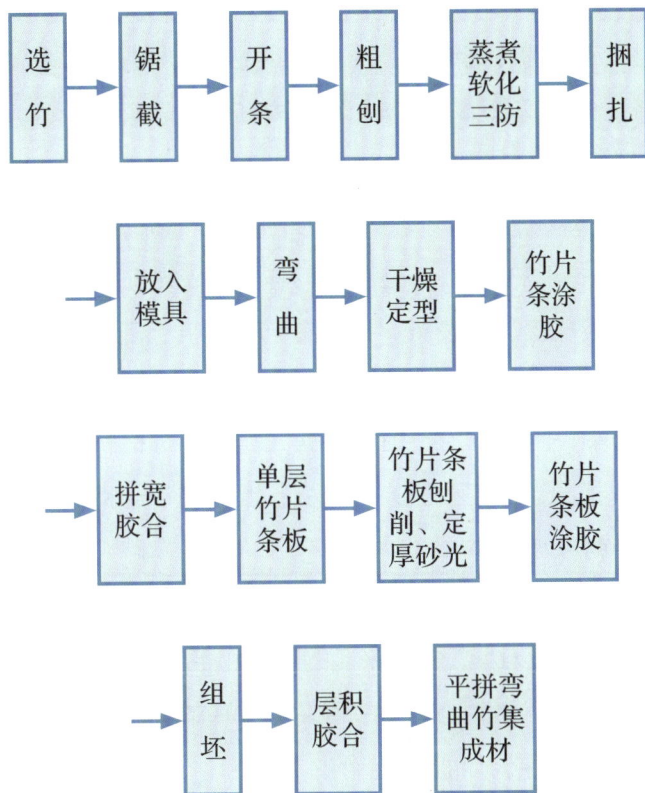

选竹 → 锯截 → 开条 → 粗刨 → 蒸煮软化三防 → 捆扎

→ 放入模具 → 弯曲 → 干燥定型 → 竹片条涂胶

→ 拼宽胶合 → 单层竹片条板 → 竹片条板刨削、定厚砂光 → 竹片条板涂胶

→ 组坯 → 层积胶合 → 平拼弯曲竹集成材

图 3-22　平拼弯曲竹集成材的生产工艺流程

3. 传统竹材加工工艺

国内现在生产的竹工机械种类繁多。将竹材加工的最终产品进行分类，大致可划分为以下几大类。

（1）竹编凉席（榻榻米）成套加工设备。主要有断竹机、裂竹机、车节机、分片机、成型机、抛光机、编织机、热压机等单机。

（2）竹筷成套加工设备。主要有断竹机、冲坯机、成型机、磨光机、切削机、抛光机、磨刀机等单机。

（3）牙签成套加工设备。主要有断竹机、裂竹机、分片机、拉丝机、抛光机、磨尖机（或削尖机）、牙签整理机及包装机等单机。

（4）空心保健凉席（麻将席）成套加工设备。主要有断竹机、冲坯机、定长机、铣槽机、钻孔机、抛光机、塑料冲孔机等单机。

（5）竹胶合板成套加工设备。主要有断竹机、裂竹机、展平机、去青去黄机、定型干燥机、刨平机、涂胶机、热压机、铣边机、接长机、裁边机等单机。

（6）竹帘胶合板成套加工设备。主要有断竹机、裂竹机、分片机、成型机、编织机、涂胶机、热压机、裁边机等单机，有的还配有立式浸胶机。

（7）竹地板成套加工设备。主要有断竹机、车节机、锯开条机、去青去黄机、连环修平机、拼板热压机、压刨机、开样机、砂光机、淋漆干燥机等单机。

（8）竹碎料板成套加工设备。主要有粗粉碎机、干燥机、细粉碎机、施胶机、铺装机、预压机、热压机、裁边机等单机。

在以上设备中，断竹机用于把原竹锯成需要的规格长度，各类设备中的断竹机结构基本相同，主要由机架、电机、锯片和传动机构组成，锯中使用普通锯片和合金锯片两种。

裂竹机用于把锯断的竹子割开。割开的片数依要求的竹片宽度而定。因此，裂竹机都配有多把刀具，根据产品的要求和毛竹的大小选用不同的刀具，要求换刀方便、快捷。在竹地板生产中采用锯开条机剖竹，优点是可一次完成剖开、定宽两道工序，可提高毛竹的利用率，且无须换刀，缺点是工效较低。

车节机可车去毛竹外缘凸起的节，主要用于要求成品平整的竹产品如竹编凉席等。

在竹筷生产和麻将席生产中，一般无须车外节和裂竹，而是使用冲坯机，把锯去竹节的竹筒冲剖成一定宽度的竹片，要求冲击力大，工效高，只需调节刀具位置或更换冲头即可冲出不同宽度和厚度的竹片，主要技术指标为每分钟冲坯次数。

去青去黄机主要用于后道工序要涂胶的产品，因为竹青竹黄的胶黏能力很差，如果不去掉将严重影响黏结强度。去青去黄机就是让竹片通过上下两把刀具，去掉外层竹青和内层竹黄，其结构与成型机类似。

成型机是竹材加工中较重要、较常见的设备，依刀具数量可分为两刀成型机和四刀成型机两种，一般由机架、两台电机（送料电机和刀具驱动电机）、送料轮、刀具和传动系统组成。主要技术参数为送料速度，常见的在每分钟50—60米。成型机的通用性较好，只需更换刀具即可满足不同产品的要求，如换上拉丝刀可用作竹编凉席、牙签等的拉丝机，换上平滚刀可用于竹帘胶合板和竹地板的定宽定厚。因此，多数厂家都有数量不等的成型机在使用。

（三）竹编制作的基本编法

1. 一挑一编法

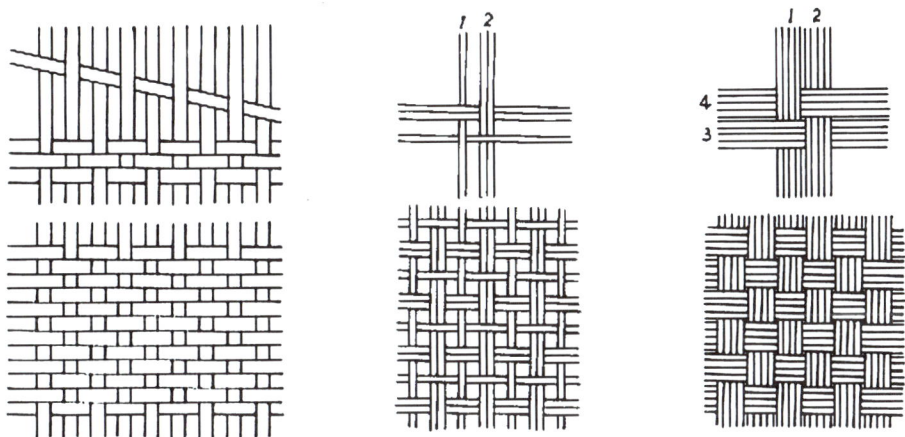

图 3-23　一挑一编法

先将经材排列好，纬材以 1 / 1 编织法，一条竹篾在上，一条竹篾在下交织，编法极为简单而易学，可演变成各式如 4 / 4 编法及二一相间编法，或 3 / 3 、2 / 2 编法。

2. 斜纹编法

此编法是当纬材第二条穿织时，必须间隔竖的一条，依二上二下穿织，第三条再间隔一条，于纬材方面呈步阶式排列，除挑二压二方式外也可采用 3 / 3 、4 / 4 的编织方式。

扫一扫

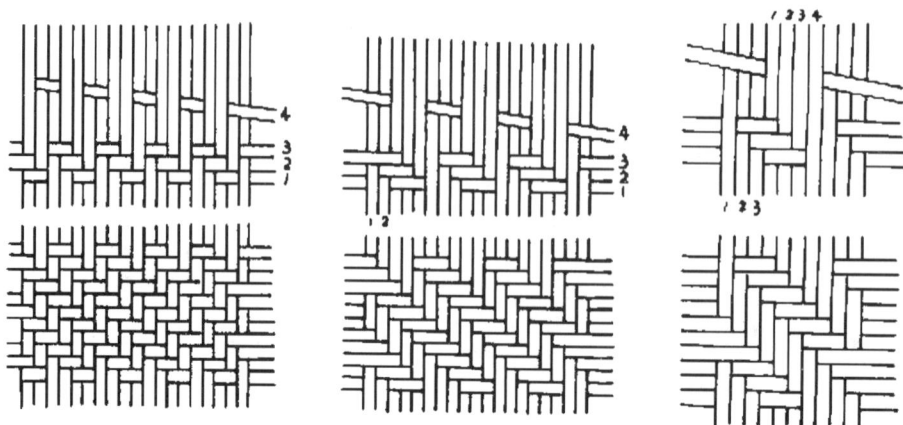

图3-24 斜纹编法

3. 回字形编法

图3-25为回字形编法,图3-26为四方形底起编法,是以中心为主,以压三挑三法图案做上下左右对称。

4. 梯形编法

经材排列好备用,第一条纬材以六上二下编织,第二条以五上三下编织,第三条纬材以四上四下编织,第四条以三上五下编织,第五条以六上二下编织,即呈梯形步阶式图案,以五条纬材为单位,依序增加。

5. 三角孔编法

以三条篾起编,第一条在底,第二条在中央,第三条在上交叉散开,而且角度相同;第二次再以六条竹篾分别穿插,而后依次逐渐增加。

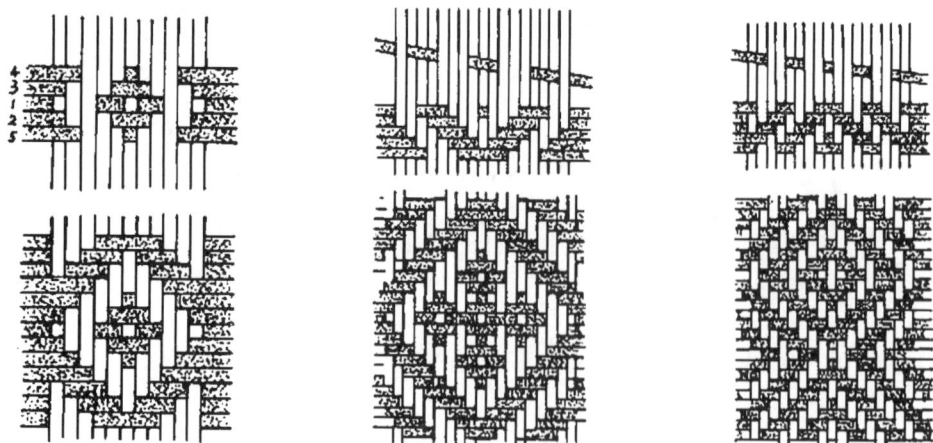

图3-25 回字形编法

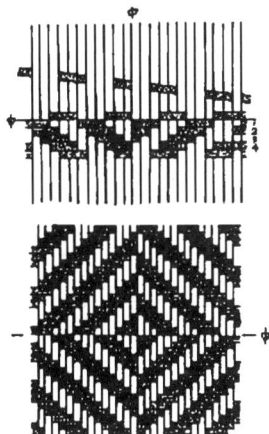

图 3-26　四方形底起编法　　　　图 3-27　梯形编法

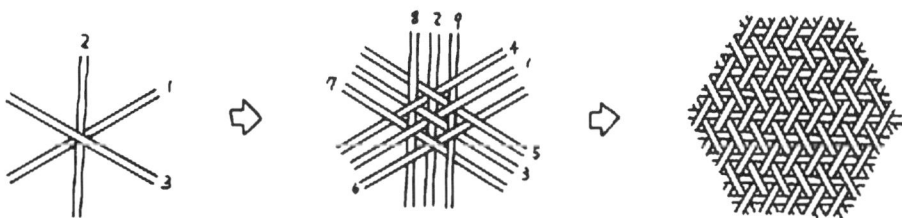

图 3-28　三角孔编法

6. 双重三角形编法

以六条竹篾起编，而后增加六条，了解竹篾之间的构成关系后，逐渐增加。

图 3-29　双重三角形编法

7. 六角孔编法

此法系以三条竹篾起头，再以三条竹篾织成六角孔，此后分别以六条逐渐增加。

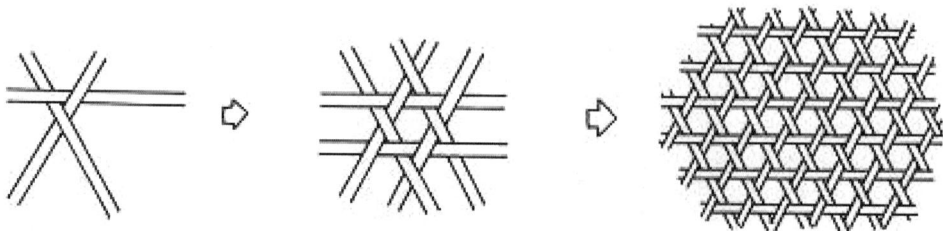

图 3-30　六角孔编法

8. 圆口编织法

先以四条竹篾为一单位，依序如图 3-31 重叠散开，再增加四条，并注意其如何交织，理出道理后，逐渐增加。此乃难度较高的编法。

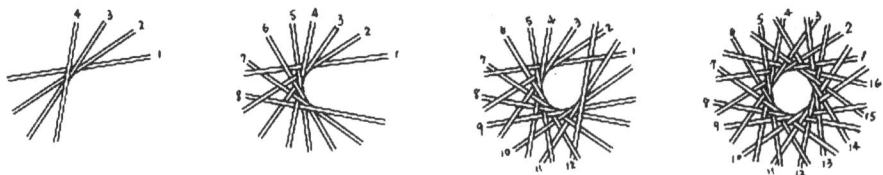

图 3-31　圆口编织法

9. 菊底编法

八条竹篾以中心点为主，排成放射状，如菊形；再以篾丝做一上一下绕圆编织。于第二圈开始处，先做一次二上，于第 1、2 竹篾之上，而后再做一上一下绕编，第三圈开始是在第 2、3 竹篾处做二上，依此类推。

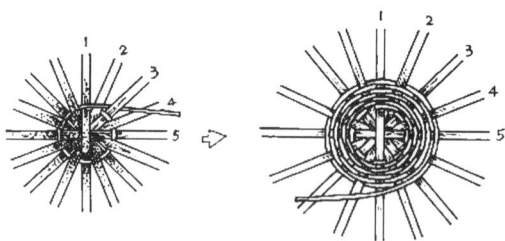

图 3-32　菊底编法

三、竹子在现代产品中的应用

（一）在实用功能方面的应用

实用型竹制手工艺产品通常用于日常生活，具有实用价值，但也不排除它们同样具有一定的审美特征，它们的加工工艺体现出一定的美的法则，只是它们的审美

图 3-33　竹制生活用具

价值相对于实用性而言较为次要罢了。如用于日常家庭生活的竹制生活用具、竹制家具等。

（二）在装饰功能方面的应用

装饰性竹制手工艺产品，是指实用性弱化、消退乃至以观赏为主或纯观赏型的竹艺品，其实用价值逐渐让位于审美价值。这类装饰性竹制手工艺产品从其审美特征与艺术表现方式来看，已深入雕刻、绘画的领域中。装饰性竹制手工艺产品，主要特征是利用三维立体空间，通过生动的造型去表现概括而意蕴深长。装饰性竹艺产品正是捕捉最有代表性的表现心灵性内容的一瞬，用最富感性特色而简洁单纯的人物、动植物、什物造型表达丰富的意味，以达到化静为动、化无为有、以少胜多、形神兼备的审美效果。如竹制墙面装饰、竹制雕塑、竹制壁挂和竹制字画等。

（三）在实用兼装饰功能方面的应用

实用兼装饰性竹制手工艺产品，主要是指超越一般传统竹制手工艺品技能和规格，在坚持实用功能的同时，融进现代审美意识和创新意识，具有独特、鲜明、强烈的观赏价值和美学意蕴的竹制手工艺产品。如竹制凉席、竹制屏风、竹制灯具、竹制隔断等。

Teori 是日本的一个设计团队，专注于竹子在家居设计中的应用。不同于我们见到的传统的中国竹编等工艺，他们的设计作品几何构造简约，充满现代感，竹子的纹理本色与亮丽的色彩相映衬，视觉效果轻盈美丽。

图 3-34　竹产品

戴尔公司特别推出了竹材做成的电脑外壳，虽然在绿色设计中竹子是常见的材料，但其在数字消费品的设计上是少见的，特别是在批量上市的产品中。竹子包装计算机，里外都很生态，因为系统也是由 70% 可再利用材料制造而成的。

华硕公司很好地运用了"竹子概念"，把它做成了盒子，不仅耐用、可生物降解，而且它的自然色调看起来很清秀标致。

Tek-sià 设计工作室来自中国台湾，曲竹灯中的金属和竹片被设计成相同的曲线，并将发光二极管置入竹片中，可通过滑动竹片来改变灯的角度，可满足用户的不同需要，如阅读或者纯粹装饰。

图 3-35　电脑外壳

图 3-36　竹椅

为帮助台湾竹山的竹产业，以一张竹椅命题，答案就是"椅琴剑"。椅脚采用现成实心竹剑材料，实心竹料为回收竹条废料压合而成，既充分利用资源，亦符合椅子结构强度需求；椅背由传统古法制作的"竹枕"造型概念延伸，椅面则以竹条相间并排，椅面与下方支撑结构间的空隙，使竹条受力时表现出如琴弦般的细微弹性，一坐下即可感受到竹结实而灵巧的生命力。

（四）典型设计案例深入剖析

PEGA DESIGN 设计团队在其设计总监李政宜的带领下，从 IT 产品设计跨界扩展到非 IT 产品的设计上来，而非 IT 产品包罗万象，从家居、饰品，到汽车零配件和设计材料，跨界让竹系列生活精品得以诞生，并且获得了更广阔的视野，设计团队把西方的工业设计思路与传统的技术材料及工艺融合创新，从前期为诚品开发的一系列作品中就能大概看出其设计和定位的大致方向。

进入 21 世纪后，东方的生产工艺产业又迎来一轮文艺复兴的运动，特别是对于中国，经济和文化的发展，人们生活水平的提高，人们对于生活质量的要求越来越高，而蕴藏于传统文化中的手工艺与传统材料资源以及故宫绚丽的器物瑰宝势必成为现代设计工艺发展的精神催化剂。面对现代人的生活，如何把传统与现代化东西文明交融的居家生活相联系，越来越多的人开始专注于此。PEGA DESIGN 设计团队其实也应该是在这样一个大的背景下，依附于自己的设计理念，开发新的产品，以促进传统产业和高科技产品在不同地域的融合。

目前 PEGA DESIGN 设计团队开发的产品数量还比较少，而且前面一批产品都是使用竹子搭配传统或现代的工艺技术整合而成的，以谋求传统工艺与传统机械或电子制造业优势的结合，从而产生新形态的创新。

其中对于手工艺的迷恋，对于工艺质量的追求以及对设计的完善，都表明一款设计的诞生往往充满艰辛。

天然的竹子材料能满足生产质量要求的非常少，所以批量化生产不太适合，因为常规状态下的成品率并不高。像图 3-37 中利用竹子与金属设计的 LED 灯具，对于竹子的要求就很高，要够直才能够与金属标准的配件结合，而竹集成材能够满足上面的要求，但是复杂的纹理效果失去了竹子原有的天然的感觉。

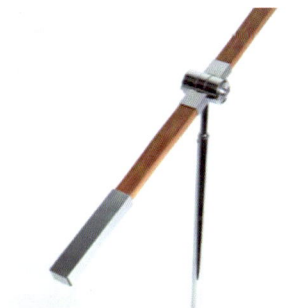

图 3-37　利用竹子与金属设计的 LED 灯具

设计的概念往往可以很快在工作室内完成，而此类设计的难度在于设计与工艺生产的结合，设计师需要对材料的特性和生产工艺流程非常熟悉，在设计阶段就能够预想到工艺的流程和大致的成本以及能否在设想的成本范围内实现批量生产。

设计师们都很喜爱手工艺，特别是传统的高端的品类，比如漆器、高端瓷种或者陶种的材料和工艺，而没有想到创新设计在这类品目上实现的过程有多么艰难，最重要的是需要资金和长时间的投入。而对于年轻设计师而言，基于我们熟悉的自然材料，比如竹、木、瓷类，通过合适的设计走大众化的定位是最合适不过的了。

PEGA DESIGN 团队设计的竹系列生活精品，本着对人文与科技的结合的主轴，在自然材质与工艺美学间找到了平衡，以简洁及细腻的手法同时运用天然竹材与金属材质，勾勒出触感上暖与冷的对比。透过艺匠处理材质的极致精神，企望呈现原生材质的独特面貌，提醒人类保持对自然的谦卑与爱护，每一单品的天然竹材皆独一无二，借由工艺技术再生成为细腻而内敛、低调而奢华的精品。

正式问世的竹系列生活精品，将首推以天然竹材与皮革为主的 11 款系列产品，包含荣获 2009 日本 Good Design 设计大奖的 Torch 手电筒，其采用桂竹的天然材质制成，利用天然竹材的原生圆管形状，筛选适合的管径以兼顾握持手感及电池放置，并将天然的竹节及自然生长的曲线，安排在最符合握持手感的位置。

另外，Stapler 订书机以碳化后的孟宗竹为材料，并将红色 LED 光源，通过独家的设计转换为线型，当使用者轻压订书机时便会触动开关，投射红色基准线至纸张上，"红外线定位功能"也成为这款产品的特色之一。

扫一扫

图 3-38　Torch 手电筒

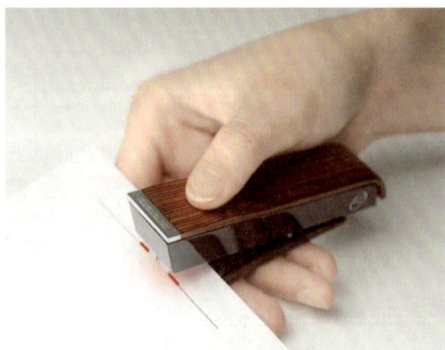

图 3-39　Stapler 订书机

四、课程实训与毕业作品

（一）课程实训作品

1.概念装置作品

在课程中选择设计文化类实体题材时，可将竹材与各类材料，如金属、玻璃等进行改造与组合，创造出竹木类创意装置作品，这样的作品往往能展示出丰富的精神文化意蕴和巧妙的艺术形态，富含生命力与自然气息。

图 3-40　概念装置作品

2.概念饰品设计

竹木材质易加工且可塑性强，在设计时，将竹材与饰品有机结合，可以增强饰品的艺术表现力，提高审美效果，使饰品具有古拙风雅的韵味。

图 3-41　概念饰品设计

3. 面具与玩偶

竹质玩偶与面具为传统的手工艺制品。设计时可以通过探索竹工艺技法、形式，进行传统玩偶与面具的创新。

图 3-42　玩偶设计

（二）优秀毕业设计作品

竹子的韧性特别好，承载力强，可以设计加工成各类交通出行辅助用具，如竹轿、竹推车、竹子儿童车等。图 3-43 是用竹子做成的景区游览车，提高了游客的游乐体验感。

图 3-43　景区游览车（竹子主题公园）

将竹子作为装饰材料与陶瓷器皿相结合，使用不同的竹编方法，可以设计出美观大方且富有东方竹韵的花瓶、茶具等各类创意竹产品。

图 3-44　陶瓷和竹编结合

第三节
文化用品类产品创意设计与实训

本节将从行业分析、人群分析、文化分析、设计品类、设计方案等几个方面分析以"延安文化"为主题的文创产品设计。

一、行业分析——知名景区文创产品调研（北京故宫博物院文创商品店）

延安的旅游文化包含陕北民俗、地方特色传承手工技艺、红色文化、黄帝文化、景观建筑和自然

奇观六项。旅游业是一项靠知名度、美誉度和市场认知度来吸引游客的特殊产业，只要善于利用，文化产业就具有助力城市长远发展的独特优势。

故宫是世界上现存规模最大、保存最完整的古代宫殿建筑群，拥有最丰富的中国文物藏品，是全世界游客到访最多的一座博物馆。2016 年故宫文创产品销售额已超过 10 亿元，到 2017 年底，文创产品已经突破了 1 万种，收入达 15 亿元。

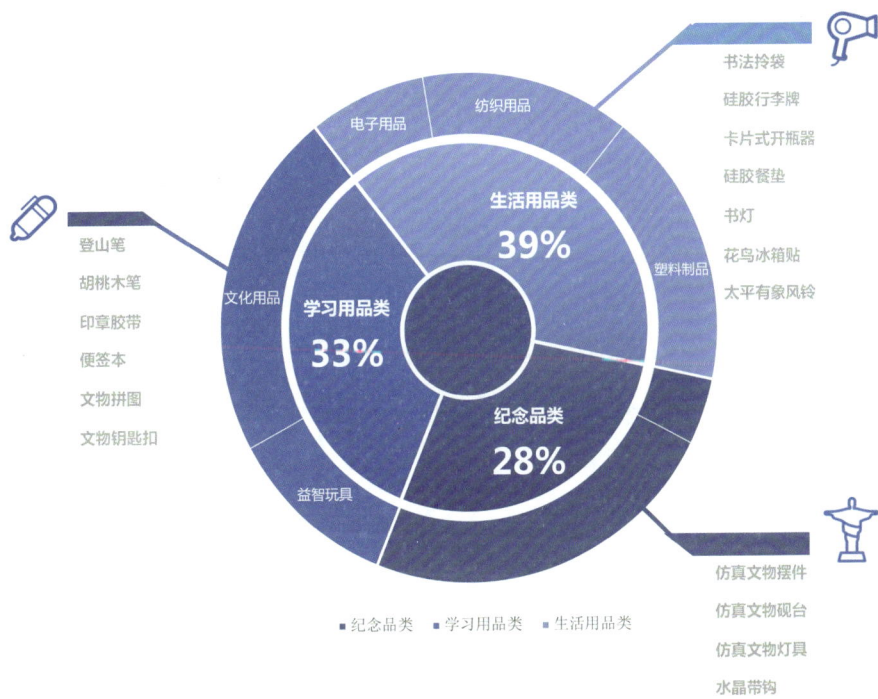

书法拎袋
硅胶行李牌
卡片式开瓶器
硅胶餐垫
书灯
花鸟冰箱贴
太平有象风铃

电子用品　纺织用品

生活用品类
39%

塑料制品

文化用品

学习用品类
33%

纪念品类
28%

登山笔
胡桃木笔
印章胶带
便签本
文物拼图
文物钥匙扣

益智玩具

仿真文物摆件
仿真文物砚台
仿真文物灯具
水晶带钩

■纪念品类　■学习用品类　■生活用品类

图 3-45　衍生品比重分析

北京故宫博物院衍生品的价格区间很大，对于 50 元以下的衍生品投放比重最大，满足了绝大多数游客的消费习惯；另外，在 100—1000 元间的衍生品，则更多满足对字画收藏感兴趣的游客；而 1000 元以上甚至万元的文物仿制品，则是针对中外收藏家游客。

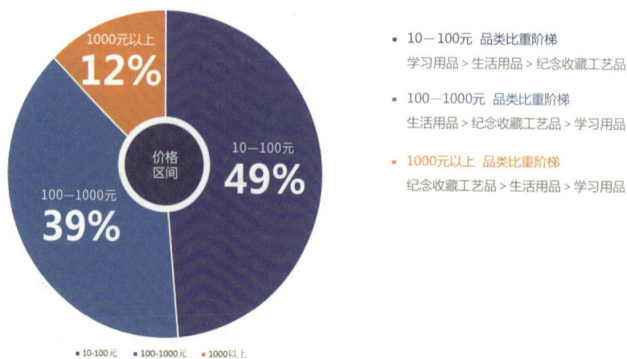

图 3-46　价格区间与品类比重阶梯

二、人群分析

　　随着物质生活水平的提高，大众在精神层面的需求越来越旺盛。因此，人们期待拥有一件能触发艺术感受的衍生品，以此移情，满足自身的消费需求。此外，随着大众审美能力的不断提高，艺术和生活的界限已经越来越不明显。对于面向日益增长的大众消费群体的衍生品，要践行"艺术要融入生活，生活要艺术化"的理念，更好地满足大众对艺术品消费的需求。

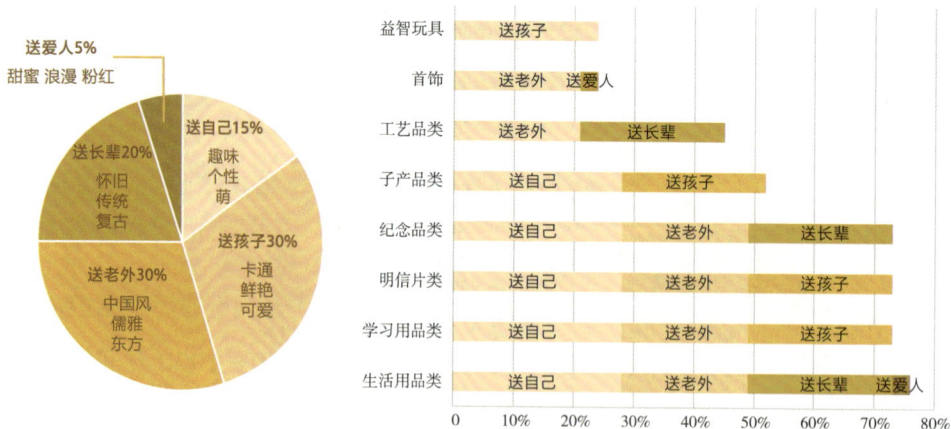

图 3-47　人群分析

三、文化分析

（一）"鼓"艺术

延安黄土风情文化艺术底蕴深厚、丰富多彩，已成为旅游的新亮点。安塞腰鼓、洛川蹩鼓、宜川胸鼓、黄龙猎鼓、志丹扇鼓构成延安的"五鼓"艺术，已打遍中华大地，宏伟雄壮的表演打出了国威，充分显示了中华民族扬眉吐气的豪情壮志。

（二）陕北民俗文化

延安剪纸、农民画、布堆画、毛麻绣和刺绣等民间工艺，绚丽多彩，以其独特的魅力获得了中外艺术大师的高度评价，许多作品被法、美等国的艺术博物馆收藏，并在国内民间艺术评选中屡获大奖。延安市安塞区、延川县文安驿镇被中华人民共和国文化和旅游部命名为 2018—2020 年度"中国民间文化艺术之乡"。

（三）红色文化

延安，是中国的革命圣地。1935 年到 1948 年，中共中央在这里指挥进行了抗日战争、解放战争，领导进行了整风运动、大生产运动等，这些事件对中国历史的发展产生了深远的影响。尤其是以"自力更生、艰苦奋斗、实事求是、全心全意为人民服务"为中心的延安精神，已经成为共产党人代代相传的精神支柱。

（四）黄帝文化

黄帝陵，是中华民族始祖黄帝轩辕氏的陵墓。相传黄帝得道升天，故此陵墓为衣冠冢。它位于陕西省延安市黄陵县城北桥山；1961 年，被国务院公布为第一批全国重点文物保护单位，编为"古墓葬第一号"，号称"天下第一陵"。黄帝陵为全国首批确定的 5A 级旅游景区，古称"桥陵"，为中国历代帝王和著名人士祭祀黄帝的场所。据记载，祭祀黄帝的仪式最早始于公元前442 年。

（五）人文景观

延安地处陕北金三角经济协作区腹地，历来是陕北地区政治、经济、文化和军事中心。城区处于宝塔山、清凉山、凤凰山三山鼎峙，延河、汾川河二水交汇之处，成为兵家必争之地，有"塞上咽喉""军事重镇"之称，被誉为"三秦锁钥，五路襟喉"。

（六）自然奇观

在自然景观方面，延安有黄河壶口瀑布（4A级景区）、全国最大的野生牡丹群和花木兰故里万花山、黄河蛇曲国家地质公园（乾坤湾）、延安国家森林公园、洛川黄土国家地质公园等。

（七）特产美食

延安素称"小米之乡"，小米含有的蛋白质、脂肪、钙、维生素等营养成分在谷类中为最多。延安所产之米，大致可分为谷米（即小米）、黄米（即糜子米）、软米（有黏性的糜米）、酒谷米（黏性谷米）等数种，谷米可蒸干饭，熬米汤；黄米可做捞饭，蒸黄馍；软米和酒谷米都可蒸糕，做稠酒。

四、设计品类

日用品类　　　　旅游纪念品类　　　　贵金属类　　　　服饰品类

图 3-48　设计品类

五、设计方案

（一）"子弹头"创意数据线

此款设计选取了革命纪念馆中保存的子弹的外观，搭配数据线的功能，既有纪念意义，又有实用功能，还能作为挂饰，增加旅行的亮点。

扫一扫

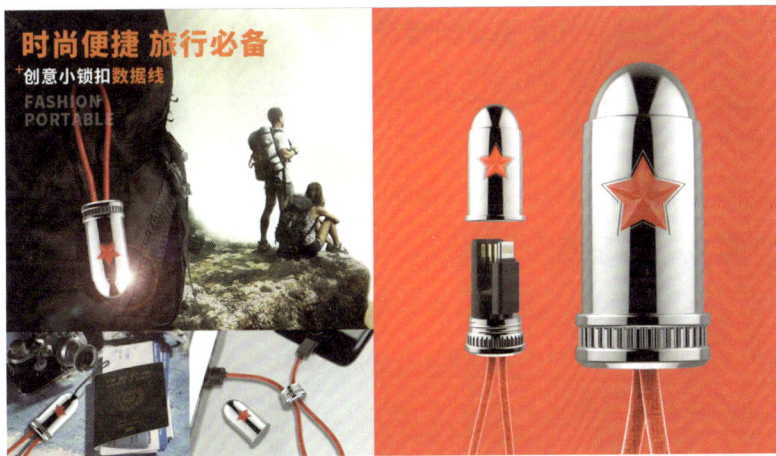

图 3-49 "子弹头"创意数据线

（二）创意宝塔山 U 盘

此款设计选取了宝塔山的外观造型，搭配 U 盘的实用功能。

图 3-50 创意宝塔山 U 盘

（三）宝塔山加湿器

此款设计选取了延安宝塔山的外观，具有喷雾加湿的功能，既有纪念意义，又有实用功能，还能作为摆件，装点家居环境。

图 3-51　宝塔山加湿器

（四）延安三山茶盘

此款设计选取了延安三座具有标志性的山峰——宝塔山、凤凰山、清凉山，将其外形运用到茶盘中，显得大方而有禅意，让人在喝茶时能想起延安的红色文化，既有纪念意义，又有实用功能。

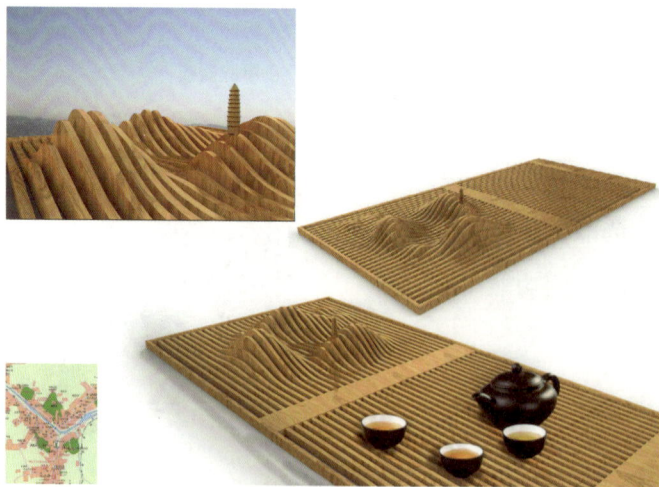

图 3-52　延安三山茶盘

（五）延安鲁艺特色行李牌

此款设计选取了延安鲁艺的建筑轮廓，作为游客的行李牌，具有纪念意义。

图 3-53　延安鲁艺特色行李牌

（六）宝塔山剪影流沙画

此款设计选取了宝塔山的经典景色，用激光雕刻在流沙画的玻璃上，与流动的沙画相映成趣。

图 3-54　宝塔山剪影流沙画

（七）安塞腰鼓瓷餐具套装

这款骨瓷餐具套装在外观设计上采用了安塞腰鼓的造型元素，同时周围的釉色图案采用了安塞的剪纸元素，礼赠、家用皆可，成为传播延安文化的一种媒介。

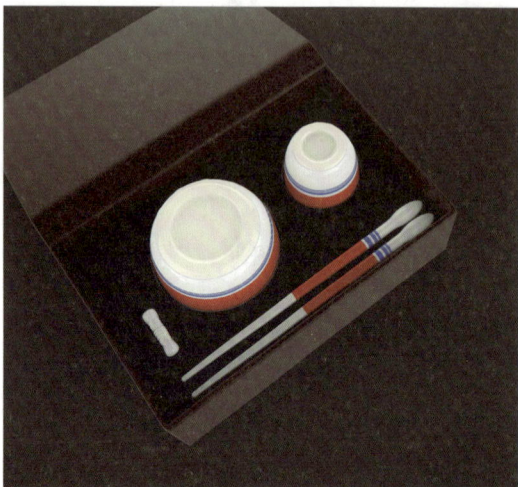

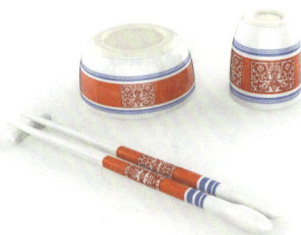

图 3-55　安塞腰鼓瓷餐具套装

（八）"延安革命纪念馆"手机支架

此款设计选取了延安革命纪念馆的造型元素，是一款金属手机支架，简洁实用且具有纪念意义。

图 3-56　"延安革命纪念馆"手机支架

（九）礼赠办公文具套装

此款设计运用了革命纪念馆的元素，结合日常办公使用的工具组合成一个系列的纪念文具套装。

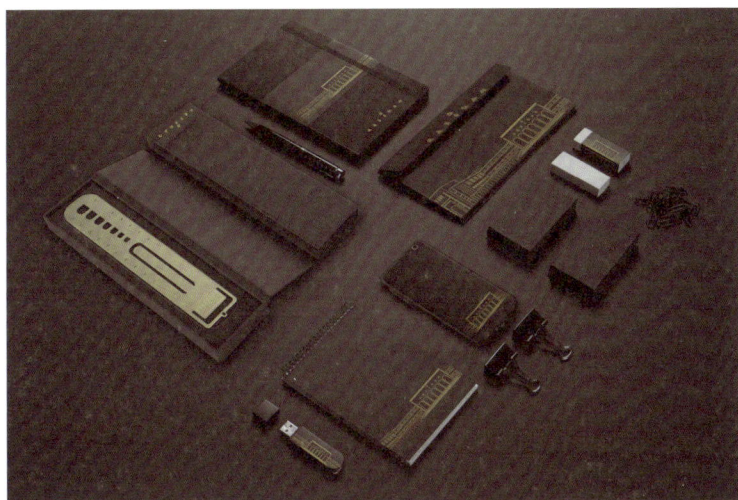

图 3-57　礼赠办公文具套装

第四节
饰品类产品创意设计
与实训

扫一扫

一、饰品的造型元素

　　饰品造型是指一件饰品所呈现出的外部形状和内部形态的总称。在饰品设计中，造型决定着一件饰品绝大部分的视觉冲击力，并且能够以最显著的方式影响人们对饰品的理解和感觉。因此，为了有效地设计，首先必须了解饰品造型的基本元素——点、线、面、体的应用特点。

　　在饰品设计中，点、线、面、体有着不同于一般几何意义上的使用方式，它们是饰品造型的基本元素。正是点、线、面、体等几何元素在设计中的多种运用，才使得饰品呈现出或复杂或简单的不同造型特点。

（一）点

在整体空间被认为具有凝聚性而成为最小的视觉单位时，都可以称为点。在饰品设计中的点，不但有大小、形状和厚度之别，同时还具备了生命的意义，能传达一定的精神内容。

单粒的宝石在某种程度上可以理解为点，比如小钻和珍珠具有点的特质，造线和造面的能力均较强。设计师们利用小圆点、方钻、梯形钻、马眼钻、圆形珍珠、水滴形珍珠等，营

图 3-58　饰品中的点

造出整体效果豪华亮丽的饰品。点元素在一定的排列组合下可以使饰品在视觉上呈现疏密、曲线、直线、面的效果。总体来说，单粒的点，简洁而纯粹。

"点"在饰品设计中可以是众星捧月的视觉中心点，也可以是形体中的装饰点，甚至密集成线成为面体之上的装饰点，并且往往和线、面、体的构成相结合共同产生效果。

（二）线

线是点移动的轨迹，是饰品设计造型的基本要素。单纯的线能够描述物象的轮廓，交代物体外形特征。线的粗细、曲直、倾斜、起伏等可以体现亦动亦静的状态，或者表露某种感情。在饰品设计的实际应用中，"线"有时穿插于形体中，有时决定饰品的形体骨架，有时则密集成面或成为装饰于面体之上的装饰线。

直线象征着冷静、刻板、稳定，曲线则代表了动感、不安，弧形曲线会给人柔美感。曲线和直线的粗细、

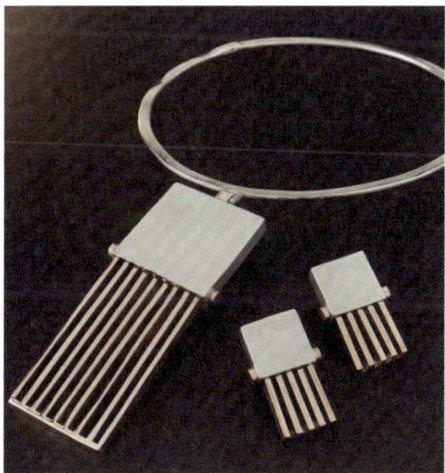

图 3-59　饰品中的线

交叉、平行、起伏等，都可以成为设计师情感的表露。使用线的组合来表现物体外形的饰品，会比整个面化造型的饰品更轻巧美观。

（三）面

几何面主要指圆、方、椭圆、三角、梯形、菱形等，呈现单纯、简洁、明快的视觉特点，但是显得略微严肃与机械。非几何面则形态多样，没有固定的规律，呈现自由、生动、跳跃的视觉特征，情感丰富，但略微复杂。在饰品设计中，要充分使用点、线、面三个元素做造型，突出形式美感，运用立体构成中的对比、特异、重复、渐变、发射等方法进行构思，在视觉

图 3-60　饰品中的面

上形成节奏的变化，突出韵律美，并统筹兼顾色彩、肌理、纹样等多方面，使首饰这个三维饰品层次更为丰富。

（四）体

几何学中的体是面移动的轨迹。在饰品设计中，"面"稍做挤压就可以成为独特的首饰形体，不同的面叠加、穿插也可以成为一个形体。在造型学中，体块是最具立体感、空间感、力量感的实体，体现出封闭性、重量感、稳重感与力度感，强调正形的优势。在利用体块进行饰品设计时，要充分利用体块的语音特性来表现作品的内涵。

图 3-61　饰品中有规则的体面

图 3-62　点、线、面、体的结合

（五）点、线、面、体结合

在饰品设计过程中，点、线、面、体等几何元素的综合运用才使得首饰呈现出或复杂或简单的不同造型特点。而点、线、面、体四种元素的综合运用，也将形成风格新奇独特的首饰造型。

二、饰品的色彩元素

在饰品中，色彩是一种特殊的视觉信息，能够在瞬间吸引人们的注意力。不仅如此，饰品的色彩还具有强烈的心理与情感倾向，不同的饰品色彩会使人产生不同的联想和感受。因此作为饰品设计要素之一的色彩，便成为最具有吸引力的设计手段和无可替代的情感表达方式。

首饰色彩是设计师表情达意的抽象表现，在首饰作品中具有极其深奥的象征意义。色彩作为人类精神的载体，与人的心灵存在一定的呼应，首饰色彩表现的不仅仅是其外部的样式，通过对其色彩的认知，人们更能体会设计师的内心以及对首饰、对世界的理解和表达。

与纯粹的色彩不同的是，首饰色彩除了包括首饰材质的基本色彩外，还体现在首饰表面色彩和光泽在不同加工工艺过程中发生的变化。

首饰色彩主要受到首饰材质固有色彩的影响，因而将首饰色彩的种类按照其材料划分，可分为金属材料的色彩、宝玉石材料的色彩，以及其他材料的色彩。

（一）金属材料的色彩

就金属材料的色彩而言，首饰设计中应用较多的是黄色和白色金属。

扫一扫

（二）宝玉石材料的色彩

宝玉石材料的色彩分为无机宝石材料的色彩和有机宝石材料的色彩。宝玉石材料色彩缤纷，如呈红色的红宝石、珊瑚、玛瑙，呈绿色的祖母绿翡翠，呈蓝色的蓝宝石、青金石等。

（三）其他材料的色彩

随着流行首饰的发展，以往并不被一些传统首饰所采用的材料如陶瓷、漆器、珐琅、木材、毛线、布织物、

图 3-63 天然宝石饰品

羽毛、皮革、硬纸等开始被广泛应用，材料的色彩越来越丰富。

三、饰品的材质元素

材质是创意饰品设计的主要元素。材料从大的方向上有很多相似的地方，但在细微之处又会给人不同的感受，使人们对相近的材料有着不同的理解。不同材料的质感和反映出来的特点不同，有的柔软，有的坚硬；有的粗糙，有的细腻；有的张扬，有的含蓄；有的现代，有的传统；有的鲜活、有的陈腐。在不同环境下，材质内涵和美学价值不同，表达的

扫一扫

方式不同，带给人的感受也不同。对材料与饰品关系的探索是一个充满诱惑又永无止境的话题。在饰品设计发展的进程中，材料在各个历史时期都有不断的创新与突破，有很多经验值得我们借鉴。

（一）材料在创意饰品设计中的地位

材料作为创意饰品设计的载体，本身具有个性特征和形式美感。在创意饰品设计中，材料与造型互为依存，相互衬托，互相升华，反映着人们的物质生活和精神状态，提高人们的生活品质。

现代时尚创意饰品的材料设计，往往在传达时尚视觉效果的同时，也能带给人们某种内心感触。这得益于饰品材料运用范围的拓宽。从创意饰品设计的角度来讲，简单的材料运用和装饰已不能满足现代人的各种需求，饰品的选材已脱离过去陈旧的观念，除了单一的贵重金属、珠宝材料以外，创意饰品材料已经延伸到多元化的综合性材料的范围。设计的关注点将从单纯的视觉感受延伸到其他感官的共通参与，身体的各种感官将与设计形成互动。材料作为创意饰品的载体，其本身的特征与形式美感给饰品设计提供了广阔的表现空间。各种不同的材料的质感、肌理、颜色、加工工艺及象征意义，都会给人带来不同的感受，并与人产生互动。以往的饰品设计更多关注饰品的造型外观，容易忽略材料创新和变革对首饰设计的作用，现代时尚创意饰品设计的创新意义则更多地体现在材料创新构思上，设计师们对各种材料的选择更为注重，选材范围的扩大使不同材料的创意构思逐渐成为现代创意饰品设计中的一个重要元素。优秀的饰品设计作品不在乎材料如何贵重，而在乎材料与设计理念的结合是否贴切，要突显材料本身的特性。

材料的变化创新作为创意饰品设计的一种特殊载体，赋予了现在创意饰品设计新的魅力。在饰品设计的整个发展过程中，材料的应用与创新一直起着推动作用，材料的特性、肌理、颜色及象征意义直接影响着首饰的设计理念表达。

图 3-64　纤维织物饰品

（二）饰品材料的演变

人类佩戴珠宝首饰已经有很长的历史了，人类爱美的天性促成首饰的诞生。远古人类把野果、树叶、骨骼、牙齿等材料用绳子编织在一起挂在脖子上，可以说这是首饰最原始的萌芽，同时也表明了饰品材料的开始。经过几千年的历史演变，首饰的材料也在不断演变。随着科技的日新月异，首饰的材料更焕发出新的生机。

黄金、银、珍珠、宝石等传统首饰用材是人类沿用了几千年的材料。世界进入后工业社会，社会生产力的发展从根本上决定着艺术产业的发展和演变，现代社会追求高效率、低效能、最大经济效益的生产理念，同样作用于设计行业，于是新结构材料和功能材料及新材料技术应运而生。新型创意饰品材料的出现，为设计师带来了更多的创造灵感。不断创新的材料再结合创意饰品设计的人文理念，诞生

图 3-65　纤维织物与金属结合的饰品

出更多造型的首饰，推动饰品产业向前发展。同时，也印证人类社会的不断进步。一种新材料的发现或原有材料得到新的运用，往往能引起艺术与设计的变革，从而产生新的艺术风潮。

　　创意饰品材料的演变，从传统材料到新科技时代对于新材料、新工艺的不断开发，使得创意饰品设计的不断创新有了新的可能。新材料有新的功能，新的视觉效果，运用新材料进行艺术创作，必须用新的观念、新的表现手法来创造艺术形象，以求达到新的艺术效果。今天，随着人们生活习惯、生活方式的改变，审美眼光也发生了巨大的变化。首饰日渐成为一种文化的载体，促进着人与人之间更好地沟通，成了人们体现个性、个人品位的象征。

（三）饰品材料多样化趋势

　　从首饰材料到首饰艺术的演变，是一个艰苦的过程，尤其是要求首饰较深层次地体现特定的风格理念时，对空间多层次的研究、追求多维性视觉形象创造、对材料质感肌理的探索十分重要。当今的时尚以简约为主导核心，可以看到首饰材料的艺术魅力和不可忽视的重要性。

　　世界上的材料多种多样，每一种材料都具有其特性与美感。除了贵金属与贵重珠宝材料外，还有许多其他的材料可以运用到饰品设计中。贵金属与贵重珠宝材料的缺点在于非常昂贵并且不可再生，大量开采这些珠宝还会对生态造成破坏，且贵金属的延展性和可塑性具有局限性。随着人们物质生活水平的提高，首饰已经不再是身份地位的象征，人们也并不只拥有一件首饰，

而是拥有很多款不同材质与造型的创意饰品。所以创意饰品的创新度才是最重要的，尝试不同的材料制作出来的饰品能带给自己不同的心理感受。

在创意饰品造型中提出的饰品材料的多样化，材料本身并没有被界定，只要是用得上的材料都可以用来制作新创意饰品，比如结晶石、陶瓷、塑料、有机玻璃、皮革、石膏、纤维织物，以及自然界的植物等。时尚首饰材质选择的宗旨在于体现出材质的美感，尝试创意饰品的创新设计。

图 3-66　饰品的材料多样化结合

四、饰品的装饰纹样元素

世界各国民族的文化、传统似乎也在快速地融合。在这种大环境下，现代创意饰品设计的装饰形式也推陈出新、异彩纷呈，无论是在造型形式的变化、文化理念的提升方面，抑或是各种材料、工艺技术的丰富与开发方面，都有创造性的开拓与进展。装饰图案已成为中华民族文化中无法忽视的一种艺术表现形式，对建筑、绘画、工艺品以及戏剧等其他艺术的创作都产生了深远的影响。近年来，传统文化又重燃起首饰界的创作激情，越来越多的传统纹样频繁地出现在现代时尚创意饰品的设计中。

扫一扫

在现代时尚创意饰品设计中，世界各国的传统纹样越来越受设计师与大众的喜爱，越来越多的传统装饰纹样元素被运用到创意饰品设计中。那些造型优美并被赋予美好吉祥寓意的纹样，如龙凤纹，反映着中华民族传统而淳朴的对美的追求，通过取其"形"、延其"意"、传其"神"、弘其"势"、显其"韵"，我们能充分感受到装饰纹样在首饰中显现出的形式美、寓意美和精神美。作为时尚首饰设计元素之一的装饰纹样，既能提升设计的文化品位，同时也传达出人们对美好生活的憧憬。

（一）取其"形"

"形"，指的是形态、形状，是指一切造型艺术的根本所在。创意饰品设计作为一门创造艺术也必须遵循这一艺术规律，对"形"的有力把握可以形成良好的第一印象，它是创意饰品设计的首要元素。中国传统装饰纹样注重的是形的完整性与装饰性，关注与形之间的呼应、礼让、穿插关系等，组织结构中大多遵循追求对称、均齐的构架效果，为创意饰品设计等诸多设计提供了借鉴意义。在创意饰品设计中，有许多造型样式是直接从中国传统吉祥纹样中提炼出来的。装饰纹样有很多种，包括动物纹样、植物纹样、风景纹样和人物纹样，以及具象纹样和抽象纹样等，这些纹样经过演化都可以形成各种首饰造型。

如祥云、水波纹、如意纹、回纹、盘长纹（中国结）等是典型的装饰纹样，大量出现在建筑等相关艺术造型上，也被应用到创意饰品纹样中。

在现代时尚首饰设计过程中，取代传统装饰纹样之"形"绝对不是简单地照抄照搬，而是对其进行再创造。这种再创造是在理解传统文化的基础上，以现代的审美观念对传统纹样中的一些元素加以提炼，使传统纹样不断延伸、演变，或者把传统纹样的造型方法与表现形式用到首饰设计中，用以表达设计理念，同时也体现民族的个性。

图 3-67　凤形状饰品

（二）延其"意"

"意"，为寓意，指象征，在传统装饰纹样中蕴藏了很多、很深的吉祥寓意。纹样符号只是这些内在作为一种特殊形式的外在表达，是"观念点的外化"。这些意义最初大多源于自然崇拜和宗教崇拜，有"生命繁衍、富裕康乐、祛灾除祸"等吉祥的象征意义。正是由于人们对这种"意"即美好生活的向往和企盼，才使"形"得以代代相传，具有强大的生命力和视觉震撼力。现代创意饰品设计将纹样及其寓意进行组合、融汇，形式更加不拘一格，具有强烈的艺术个性，是民族文化传统的深厚底蕴与现代审美情趣完美结合的自然精神外溢，具有强烈的民族文化特质。

在漫长的岁月里，我们的祖先创造了许多寓意美好生活和吉祥的纹样，通过借喻、比拟、双关、谐音、象征等手法，把图形与吉祥寓意完美结合起来，将传统图案与创意饰品设计相结合，以创作出具有本土特色又不失现代感的首饰作品。各种装饰往往蕴含着不同的寓意。如动物图案中的龙、凤凰等象征着吉祥，花卉图案中的牡丹象征着富贵，梅花象征着艰苦和顽强的精神，万年青象征着永恒，橄榄枝象征着和平等。

图 3-68 "囍"字饰品

在传统动物纹样中，蝴蝶是中国民间喜爱的装饰形象。蝴蝶美丽、轻盈，是美好的象征，用来寓意爱情和婚姻的美满、和谐，因此常作为情侣首饰或表达爱意的首饰的装饰纹样。现代以蝴蝶为设计素材的作品深受消费者青睐。经过夸张处理的蝴蝶，由集合图形所组成，透过这些形状的转动，一只充满动感的蝴蝶就会展现出来，由冷酷的简单的线条柔化成为生命的蝴蝶，充分表现了变幻的感觉。

（三）传其"神"

"神"，指精神。传其"神"就是

图 3-69 蝴蝶形态饰品

把中国传统文化的精髓融入现代首饰设计中。这就要求我们在掌握传统装饰纹样语言的基础上，进一步分析、研究中国传统文化的哲学思想，把握中国的人文精神，并结合当代的社会需求，兼收并蓄，融会贯通，寻找传统与现代的契合点，创造一种原创的、全新的、成熟的，表现出一个民族文化精神的时尚首饰。

时尚首饰设计中所谓对中国传统纹样"神"的凝聚，其实就是对传统吉祥纹样精粹的截取、提纯和浓缩。现在很多首饰作品以其简洁凝练的艺术形式，将装饰纹样的"神"凝聚在极富现代感而又简约的造型之中。这种"神"的凝聚也像小说中加强戏剧冲突一样，都是为了取得强烈的艺术效果而设计的。人对首饰精神需求的共同态度和差异，取决于对自然的认识与态度，取决于这种认识与态度所产生的精神文化。

（四）弘其"势"

"势"，通常指的是气度、气势，在这里指的是现代首饰设计借鉴中国传统装饰纹样设计创作作品表现出来的一种气度、气质。"势"也是对首饰造型的整体动态的处理，具有动势的造型才能更快地吸引人们的视线并使其留下深刻印象。在书法艺术中，"势"指"笔势"，就是字的平正或欹侧，用笔的中锋或侧锋、精细或粗犷，把"笔势"借鉴到首饰设计中，运用

图 3-70　豹形态饰品

中国书法艺术的表现形式和技巧，使表现与形式和谐统一，使首饰整体体现出中国艺术的审美情趣与气度。

汉字是体系完整且具有创造力的文字。早期在甲骨文、象形字中有很多文字具有很强的图案性。书法中许多文字既像一幅画，又有阅读功能，可以说无书不成画。要把握传统装饰纹样的"势"，并将其融合到创意饰品设计之中，使其在创意饰品设计中有更好的体现，设计创作出具有一定气度、气质的属于我们本民族的同时又使国际惊艳的时尚创意饰品。

图 3-71　蝙蝠寿吊坠

（五）显其"韵"

韵，本是听觉相关的乐的美学特性，味，本是与味觉相关的概念，经过修辞转换、美学转换后成为审美品评的重要范畴，韵、味合二为一，主要是指令人回味无穷的审美效果，韵的文化内涵是一种舞动形式，时尚首饰设计中装饰纹样的韵，是指所显现出的韵味，一种含蓄的意味或情趣风味。不同造型、不同风格、不同色彩的纹样，都具有各自的韵味。

如独特的中国风尚和意大利风情融合在一起，琵琶、旗袍、中国扇等中国古典女性美学元素，加上以太极、牡丹为代表的东方传统审美情趣，融入世界领先的创意及工艺，东西合璧的独特魅力带来了前所未有的首饰审美新风潮，将中国的传统文化融合到创意饰品设计之中，让人们得以更好地了解中国文化，发扬中国文化，使其韵味源远流长。

装饰纹样因其丰富的题材、多样的形式、深厚的内涵，而具有持久的、独特的、鲜活的魅力。将装饰纹样运用到时尚首饰设计中既是对文化的继承与发展，又丰富了首饰的文化艺术内涵，加强了艺术感染力。要借鉴传统吉祥纹样中的"形""神""意""势""韵"，将东西方创意与文化完美结合，设计出具有长久生命力和中国特色的、时代性和国际性并存的时尚饰品。

五、饰品的工艺元素

创意饰品设计不能仅满足于平面设计的范畴，而要在平面设计的基础上，通过各种工艺手段达到立体造型的目的。因此饰品设计前，还要考虑到饰品的制作工艺，这对饰品的制作过程有很大的帮助。创意饰品从设计图到变成真正的成品需要一个加工制作的过程，在饰品加工制作过程中所运用的技术、方法和手段称为饰品制作工艺。

扫一扫

饰品制作工艺有很多种，既有中国传统的制作工艺，如花丝工艺、烧蓝工艺、錾花工艺、点翠工艺、打胎工艺、蒙镶工艺、平填工艺等，还有现代机械加工工艺，如浇铸工艺、冲压工艺、电铸工艺等。近几年来，饰品的表面处理不再追求一致的、有序的抛光或磨砂工艺带来的表面效果，而是根据主题需要、材料特点采用不同的表面处理方法，使其更加个性化。

（一）贵金属加工工艺

贵金属加工工艺又可分为传统手工加工工艺、机械加工工艺及表面处理工艺。

传统手工加工工艺主要有花丝工艺，机械加工工艺包括失蜡浇铸工艺、冲压工艺、机链工艺等，表面处理工艺包括电镀工艺、压花工艺等。

1. 传统手工加工工艺

花丝工艺，是指金属细丝经盘曲、掐花、填丝、堆垒等手段制作造型的细金工艺。花丝首饰纤细、精巧，富有内涵，近视效果极好。

2. 机械加工工艺

（1）失蜡浇铸工艺。

失蜡浇铸工艺是现今首饰业中最主要的一种生产工艺，失蜡浇铸而成的首饰成为当今首饰的主流产品。浇铸工艺适合凹凸明显的首饰形态，并且可以进行大批量生产。

（2）冲压工艺。

冲压工艺也称模冲、压花，是一种浮雕图案制造工艺。冲压工艺适用于低面凹凸的饰品，如小的锁片，或者起伏不明显、容易分两步或多步冲压成形或组合的物品，另外极薄的部件和需要精致处理细部图案的首饰也需要用冲压工艺加工。

（3）机链工艺。

机链工艺是指用机械进行链饰品加工的方法。常见的威尼斯链、珠子链、回纹链等项链均由机械加工而成。机链工艺的特点是加工批量大、效率高、款式多、质量好。现今市场中的项链首饰几乎已被机制项链所占领。

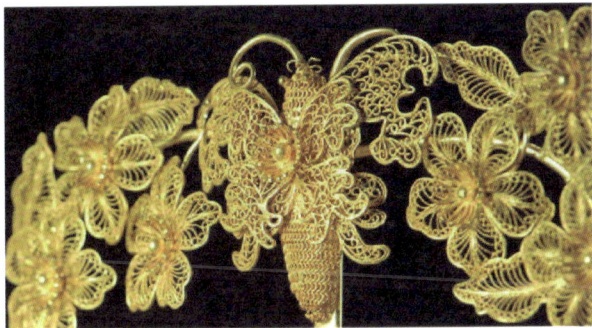

图 3-72　饰品加工花丝工艺

3. 表面处理工艺

贵金属首饰在其制作的最后阶段都要进行表面处理，以达到理想的艺术效果。表面处理的方法很多，主要包括錾刻、包金、电镀、车花（铣花）、喷砂、表面氧化。

（二）宝石镶嵌工艺

使金属与宝石牢固连接的常用镶造方式主要有爪镶、包镶、迫镶、起钉镶、混镶等。

图 3-73　贵金属首饰的表面敲打工艺

1. 爪镶

爪镶适合镶嵌颗粒较大的刻面主石，这种镶法空心无底，透光明显，用金量小，加工方便，对宝石大小要求不十分严格，但因焊口位较大，所以设计时最好另加衬托物遮盖其焊口位。爪镶包括二爪镶、三爪镶、四爪镶或六爪镶，镶嵌方便，但与包镶相比不太牢固。

2. 包镶

包镶包括全包镶和半包镶，其抓石牢固，适合难以抓牢的凸面石或随形石，但包镶要求石形与镶口非常吻合，且难以修改。

图 3-74　爪镶饰品

图 3-75　包镶饰品

3. 迫镶和起钉镶

迫镶和起钉镶主要用于小石的镶嵌。迫镶多用于小方石的群镶；而起钉镶则主要用于小圆石的群镶，包括马眼钉、梅花钉等。

4. 混镶

混镶就是将不同的镶嵌方式结合在同一件首饰上，这种镶法可以将大石与小石协调地组合起来，并可以灵活地处理好高低位及各种弯度。

当代创意饰品设计都以简约为主，工艺要求越来越高，要有线条感、几何感。黄金首饰也突破了以往工艺单一的传统，大胆地与其他材质工艺搭配，如黄金与橡胶和塑胶搭配，这些都是绝妙的创意，对工艺方面的要求也就越来越高。中国有许多传统工艺

图 3-76　镶嵌工艺饰品

诸如花丝、景泰蓝、云锦、雕漆、刺绣等，这些加工工艺将给首饰制造带来意想不到的效果。时尚创意饰品设计不但要考虑饰品的可制作性，还要借鉴各种具有民族特色的饰品制作工艺。国外设计师发展了中国的花丝工艺，并设计出独特、具有现代感的饰品。设计师应创造性地应用各种不同的表面处理方法，结合新型设计理念，以更好地表达作品的创意，设计出风格迥异的当代时尚饰品。

六、饰品的时尚元素

扫一扫

"时尚"是"时"与"尚"的结合，"时"意味着变化、短暂，"尚"意味着崇尚。所以，时尚就是在特定时段内率先由少数人实验，后来为社会大众所崇尚和仿效的生活样式。在这个极简化的意义上，"时尚"应当理解为在不断发展变化的时间长河中，现阶段的、当时最新的、人们所尊崇的、关注的一切事物。时尚之所以成为时尚，是因为它必须包含创造和领先，时尚的真正意义在于探索、追求和创新。

时尚，是创意饰品设计中使用最频繁也最重要的一个词。感悟时尚的变换，采集时尚元素，归纳整理时尚信息，将时尚元素有选择地灵活运用于时尚创意饰品设计中，是设计师进行创意饰品设计的责任。

创意饰品的时尚性需要由具体的款式造型、风格、色彩、材料、工艺、理念、功能、细节来体现。

（一）款式造型风格

创意饰品款式造型的创新建立在设计定位、信息资料的分析及市场调研的基础之上，这也是款式造型设计的关键。创意饰品造型的时尚既要符合大众审美，又要引领潮流，这就需要独特的风格。时尚首饰的设计风格以多变性和独特性著称，而时尚的本质正是以变化和强调风格设计为核心的。首饰风格体现了设计师对时尚独特的艺术修养，独特风格的首饰设计是个性与时尚完美结合的典范。

（二）材料的时尚性

材料是体现首饰造型的重要因素，款式造型无论简单还是复杂，都需要由材料来完成。对材料的创新研究，使造型具有多种可能，同时也给首饰设计带来新的思维空间和表现手法。

（三）工艺的时尚性

工艺技术的创新能使首饰的物化达到最佳效果，同时也是首饰设计的一种手段。工艺技术创新使首饰造型有了技术上的保证，新工艺、新技术是当今首饰具有时尚性、创新性很重要的保证因素。

图 3-77　纸质饰品

（四）功能的时尚性

现代人在生活品质提高的同时，更加注重个性的宣传和观念的传达。首饰功能的拓展创新意味着首饰更人性化，更深度化，突出了以人为本的理念。时尚首饰越来越强调功能的多样化。首饰不仅有装饰价值，还有功能价值，凸显佩戴者的文化品位及表现时尚感。如有磁疗效用的戒指，走夜路时可以发光的手镯，危急情况下发出电流的自卫戒指，装有醒脑液等应急药水的项链，能按摩的吊坠，有对讲、蓝牙、收发邮件、报时等功能的手镯等。

（五）细节的时尚性

时尚首饰在材料和理念上的创新，使首饰与时尚更加紧密相连。首饰的佩戴方式颠覆了传统概念上时尚界的审美标准，更加时尚与另类。另类美感挑战着人们的视觉极限，但又能使人感受到艺术的情趣。独特佩戴方式体现着个性和魅力，用细节捕捉众人的目光，永远走在时尚的前沿。

（六）色彩的时尚性

色彩是创造首饰整体视觉效果的主要因素。不同的色彩运用手法，在体现时尚性的同时也丰富了设计表现力。

（七）理念的时尚性

设计理念是设计师在作品构思过程中所确立的主导思想，它赋予作品文化内涵和风格特点。时尚的设计理念至关重要，它不仅是设计的精髓所在，而且能令作品具有个性化、专业化和与众不同的效果。

图 3-78　银、铁、黄铜、桦木时尚饰品

图 3-79　防辐射手链

第五节
拉杆箱类产品创意设计
与实训

　　中国箱包产业经过 20 年的高速发展，至今已占全球 70% 以上的份额。中国不仅仅是全球箱包业的制造中心，更是全球最大的消费市场。我们对箱包的定义是，用来装东西的各种包的统称，包括一般的购物袋、手提包、手拿包、钱包、背包、单肩包、挎包、腰包和多种拉杆箱等。随着人们生活和消费水平的不断提高，各种各样的箱包已经成为人们不可或缺的物品。人们在选择箱包产品时，实用性是基础，装饰性是主要影响因素，因此，箱包设计在一定程度上有别于传统的功能型产品设计。本节以箱包中的拉杆箱为案例，从设计策略的角度展示箱包设计及实训过程。

图 3-80　智能拉杆箱

一、企业拉杆箱设计师的设计立足点

（一）第一次亲密接触——幸福的烦恼

"形式服从功能"是每位设计学生或者学过设计的人都耳熟能详的一句话，有时候甚至被奉为圭臬。然而，它产生于特定的历史背景，是当时历史条件下问题的一个解决方案。纵观拉杆箱市场，产品的功能差异并不大。究其原因是产品受商业闭环的限制，很多部件属于采购件，拉杆箱的设计要平衡潮流与所能采购到的配件的款式。所以，在刚接触拉杆箱设计的时候，功能导向在一定程度上会让人有点无从下手。

（二）从设计定义中寻找答案

有疑惑的时候回到设计的原点。世界设计组织（World Design Organization，WDO）于 2015 年 10 月 17 日—18 日在韩国光州召开第 29 届年度代表大会，宣布了工业设计的最新定义：（工业）设计旨在引导创新、促发商业成功及提供更高质量的生活，是一种将策略性解决问题的过程应用于产品、系统、服务及体验的设计活动。它是一种跨学科的专业，将创新、技术、商业、研究及消费者紧密联系在一起，共同进行创造性活动，将需解决的问题、提出的解决方案进行可视化，重新解构问题，并将其作为建立更好的产品、系统、服务、体验或商业网络的机会，提供新的价值以及竞争优势。（工业）设计是通过其输出物对社会、经济、环境及伦理方面问题进行回应，旨在创造一个更好的世界。

结合最新定义，可以将拉杆箱设计理解成策略性解决问题的过程，它基于需要解决的问题，提出能够提供新的价值以及竞争优势的解决方案。里面有两个关键点，一个是竞争优势，一个是新价值。

二、拉杆箱的竞争分析

（一）产品分析

从结构而言，典型的拉杆箱由以下部件所构成。

图 3-81　拉杆箱结构

从功能存在而言，拉杆箱以解决人们出行中携带物品的需求为基点。产品的最终设计取决于出行类别、出行方式、现有产业基础、目标人群文化趋势等因素。

从企业生产而言，拉杆、轮子、拉手、海关锁等配件大多属于采购件，不是产品开发的主要着手点。

（二）市场调研

1. 竞品分析

国内拉杆箱市场的主要竞争者有新秀丽、日默瓦、外交官、美旅、大使、雅士、爱思等品牌。

2. 拉杆箱市场特征分析

随着国内旅游热潮的兴起以及人们旅游观念的变化，拉杆箱市场的竞争主要集中在时尚、便携、实用等特征上，而且时尚性正在被越来越多的旅行者所接受、追捧，拉杆箱从工具的角色慢慢成为彰显旅行者身份、个性的角色，外观符号价值的权重在消费者价值效用体系中不断提升。

图 3-82　新秀丽部分产品

图 3-83　日默瓦部分产品

图 3-84　外交官部分产品

图 3-85　美旅部分产品

图 3-86　大使部分产品

图 3-87　雅士部分产品

图 3-88　爱思部分产品

三、拉杆箱的价值分析

（一）拉杆箱中的消费价值

　　玛格丽特·马克和卡罗·S.皮尔森认为在一个理想的世界中，商品提供了某种中介功能，让某个需求与该需求的满足之间产生联结，因此，能满足消费者需求的产品才具有消费价值，才能成为商品。结合马斯洛的需求层次，产品的消费价值可以对应满足生理需求、安全需求的工具层面，满足心理需求的玩具层面，满足认知需求的意义层面，满足审美需求的风格层面以及满足自我实现需求的原型道具层面等不同需求层面。对于拉杆箱而言，工具、玩具、意义、风格和原型道具层面的消费价值是其设计方向。

（二）设计价值的选择依据

俞军在《俞军产品方法论》中提出了消费者行为机制模型，模型以一般意义上的社会人为基础，具有一定的普适性，同样适用于拉杆箱设计。在模型中，消费者被视为有主观偏好的主体，带着前概念感知认知周遭世界，根据当前的情境塑造期望效用，进而影响选择、行为。实际体验会给消费者以新的经验，反馈给偏好系统并对其进行修正或强化。

（三）拉杆箱设计的切入点

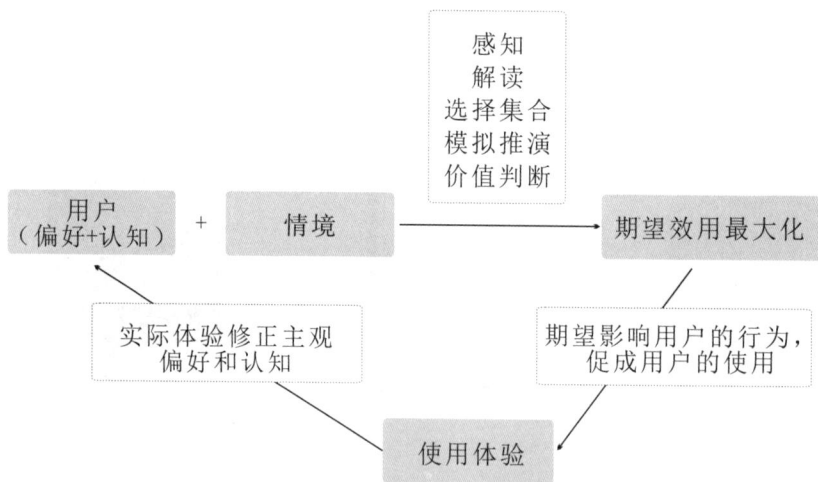

图 3-89　消费者行为机制模型

结合消费者行为机制模型，影响价值判断的主要有消费者、场景、体验等要素，其中影响的方式为消费者通过解读自身感知到的设计特征，给予不同设计特征相应的心理价值。从这个角度，拉杆箱的设计就成了如何用功能、形态、外观等要素最大化特定场景内目标消费者的期望效用，并在使用中形成良好的使用体验，以利于产品、品牌的传播。

四、竞争、价值视角的拉杆箱设计

（一）形成项目共识

拉杆箱最终的呈现是多方共同努力的结果，因此，各部门形成问题目标共识是项目顺利开展的保障。思维形成于特定的情境，改变需要时间的积累。生产、设计、销售由于所处的环境不同，形成了各自对拉杆箱的评价语言体系。如生产平时最关心的是适不适合生产、颜色的料怎么配、配件怎么采购，销售平时关心的是箱子能不能过得了测试，设计师在意颜色好不好看、造型如何，这些思维模式在评价阶段都会在一定程度上影响沟通的效率。大家将平时关注的问题切换成消费者价值认同的体系，有利于提高项目的成效。

（二）定义问题

Frog design（著名创意设计公司）创意总监卢克·威廉姆斯在其《颠覆性思维》一书中提出了五步颠覆性创意法则，第一步即提出颠覆性假设，对应在拉杆箱的设计中，一款好的拉杆箱设计以一个好的问题为起点。当前市场环境下的拉杆箱，关键问题点是以可感知特征让特定消费者产生文化认同。

（三）消费者关注点分析——网络评价

查阅各家的网络评价，消费者的关注点主要集中在质量、颜值、外观是否容易被划伤等问题上。

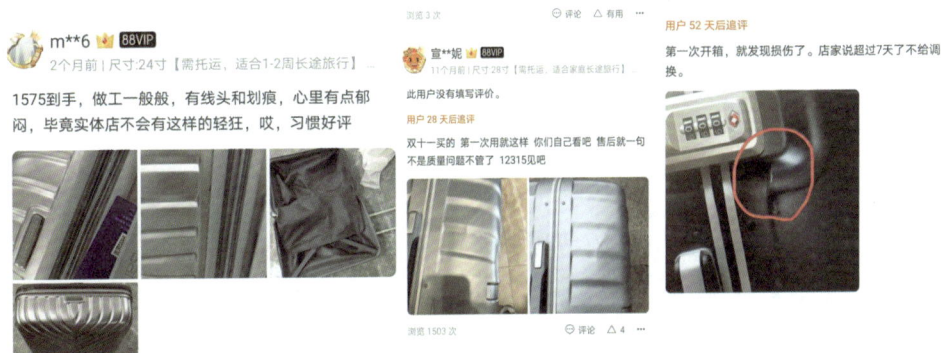

图 3-90　网络评价

（四）设计定位

1. 消费者定位

根据公司的销售数据，新款开发的人群定位为大学生群体。从销售角度而言，大学生群体的消费具有以下特点：①人数多，消费容量大；②拥有一定的即期购买力；③能够建立品牌的长期效应。从设计开发角度而言，大学生的消费行为具有结构多样化、追赶时尚潮流、消费差距大和阶段性强的特点。

2. 使用场景分析

大学生使用行李箱的场景大致可以分为三类：寒暑长假、小长假以及外出活动。其中，外出活动相对而言属于较低概率的事件，因此，当前主要考虑寒暑长假、小长假两种场景。

寒暑长假：这类假期的离校时间以及回校时间都相对集中，拉杆箱是学生装行李、体现个性不可或缺的道具。小长假：这类假期学生主要以短途游为主，当前的大学生出游更是展现个性的良好时机。

3. 大学生群体特性分析

相关报告显示，潮流人群对天猫旅行箱的消费占比逐渐提升，且潮流追随者平均消费件单价高于整体水平，有较强的消费能力。从潮流人士年龄分布来看，90后人数占比显著高于其他代际，可以说年轻一代的时尚潮流观将成为旅行箱行业重要的引导趋势。90后是天猫旅行箱的主力消费者，如何满足他们对于旅行箱外观的偏好，也成为行业品牌的重要发力方向。

当代影视文化凭借其独特的传播与表现方式，成为影响大学生成长和发展的不可小觑的因素。因此，当前流行的影视剧会成为设计风格的一个强导向因素。

4. 使用体验定位

综合上述分析，大学生的拉杆箱定位需要符合大学生群体的几个特征：①使用频率相对较低；②符合大学生的时尚潮流观；③主要以24寸为主。

五、设计输出

扫一扫   扫一扫

（一）案例背景

所选案例的开发时间较早，为 2012 年开发上市的产品。从 2007 年开始到 2011 年，每两年上映一部的《变形金刚》是大学生群体爱看的电影。

（二）设计关键词

结合当时《变形金刚》电影的持续火热情况以及市面上已经出现变形金刚机械风热卖产品的苗头，潮流、机械感成了产品开发的外观设计关键词。

（三）产品风格意向图

图 3-91　产品风格意向图

（四）特征提取

图3-92　特征提取

（五）设计主题确认

大黄蜂是《变形金刚3》中的灵魂人物，以大黄蜂的特征为新产品的主体特征是本次新产品开发的方向。

图3-93　大黄蜂

（六）设计制作

天空蓝

柠檬黄

军绿色

玫红色

图 3-94　设计制作

六、新媒体购物环境下的拉杆箱设计

（一）拉杆箱设计的支撑要素

拉杆箱设计以使用场景、消费场景、生产技术、目标消费者、商业形态、产品交付过程等因素的综合平衡为设计输入基础。

不同使用场景（短途旅游、长途出行、商务行程或特殊场合）的拉杆箱设计定位不同，短途旅游更看重外观造型，长途出行更在意收纳性，商务行程需要满足随时取用文件的需求，日默瓦产生于野外考察的特殊场合。体验来自预期，使用者对不同的场景有不同的诉求，在追求使用体验的时代，准确对应使用场景是设计首要的问题。

消费场景是设计所依存的商业闭环得以实现的关键环节，在此，产品转化为商品，设计的价值得到体现。商超的消费场景需要产品能够在众多竞争者中脱颖而出，专营店需要产品能够场景化展示，传统电商的消费场景不同于商超的消费场景需求，短视频、直播的消费场景讲求产品的故事性特征。在竞争激烈的商业环境下，消费场景的细化也开始成为一些设计脱颖而出的关键。

生产技术是产品得以实现的生命线，其重要性不言而喻，不同的生产工艺对应不同的优缺点，它决定了设计的生产还原性程度，是设计阶段必须考虑的问题因素。

目标消费者细分一方面对应使用场景，另一方面是使用场景丰富化的体现。不同消费者因为文化背景的差异而受不同象征符号的影响，同时也具有不同的审美需求，因此，亚文化研究成了设计丰富性的重要因素。

商业形态对应设计策略，品牌化运作讲求品牌特征的延续和特征所带来的体验的统一，小体量参与者追求共性基础下的个性突围，生态位竞争者在于实现产品支撑系统的高效……阶段不同，能整合到的资源不同，需要配合相应的设计策略。

产品交付作为产品的支撑系统而存在，拉杆箱内空的特性在拉杆箱的设计中尤为重要，现有拉杆箱的尺寸在很大因素上来自不同尺寸拉杆箱能够互相套装的需求。

被动参与者需要随着设计输入基础因素的变化改变设计应对方法，主动引领者推动、适应着设计输入基础因素的变化。输入基础因素的不同势必体现在产品的造型表现上。

（二）电商时代下的要素变化

在现有的支撑要素中，电商时代特别是以短视频、直播为代表的新媒体电商造成了消费场景的剧烈变化。对应以淘宝、天猫和京东为代表的传统电商以渠道变化为主，新媒体电商的展示特征对消费者心理的影响方式发生了变化，新媒体电商的消费者细分标签对应更为精确，产品的故事性背景更为明显，支撑要素的变革势必带来产品表现的不同。

第 四 章

小商品创意包装设计

第一节
包装设计的视觉元素

　　包装设计是产品特性与消费心理的综合反映，可以直接影响消费者的购买欲望。包装设计又可以称为形体设计，"包"是对产品进行精细的包裹；"装"是对产品的装设，它们是以视觉形式美表现出来的，既能保证产品的安全，又

图 4-1　上林苑茶叶

能带来视觉上的美感，而且具有相适应的经济性。包装设计要根据产品的个性特点为产品进行准确定位，好的包装设计可以将一个企业的形象很好地呈现出来。

一、包装设计的视觉元素及其表达整体性

包装设计的视觉元素有：商标，可分为文字商标、图形商标和文字与图形结合的商标；图形，可分为实物图形、抽象图形；文字，主要是传达信息和进行思想感情的交流；色彩，能够美化包装形象，使产品特性得以突出。

扫一扫

成功的包装设计往往能达到三种效果：远效果——令人注目；近效果——引人入胜；久效果——令人印象深刻。

同时，成功的包装设计又必须具备五个基本点。

（1）货架印象：好的设计能使商品在货架上即对顾客产生很强的吸引作用。

（2）可读性：包装上的文字要清晰易读，产品说明要简单直接，一目了然。

（3）外观图形：要美观大方、醒目，寓意性强且富有艺术性。

（4）商标印象：商标要简练清晰，一看就能让人留下深刻的印象。

（5）功能特点说明：商品的功能、特点、开包方法、注意事项等也要用简单明了的图文表示出来。

图4-2　黄油曲奇

具备上述五个基本点的设计，会使消费者爱不释手。总之，在包装设计的过程中必须注重设计各元素的整体关系。

二、包装的商标

商标代表着一个企业对品牌形象
的定位，也是该品牌形象的体现。商
标设计以一种艺术手法的创意体现，
在商品包装上标记文字、图像、颜色
等组合，形成一个可见的标志，是一
种独特的商品信息传送方式。

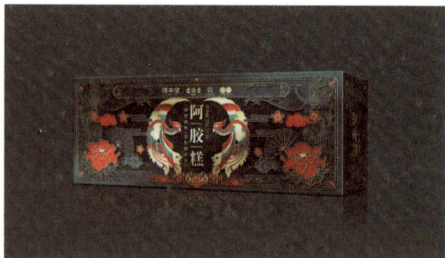

图4-3　宏济堂阿胶糕

商标设计的特点：

（1）具有独一无二的独特性；

（2）具有较强的视觉感染力；

（3）能够对产品起到很好的标识作用。

三、包装的图形表现

商品包装的图形设计是创意表达的视觉语言，会给人带来充分的视觉享
受和强烈的冲击感。包装上精美的图形能够增强产品对人的吸引力，进而引
起消费者的购买欲望，同时又能用一种符号的形式传达商品所要表达的信息。

图形表现的特点：

（1）具有很强的表达性；

（2）拥有强烈的视觉美感；

（3）兼具美与信息的双重表达功能；

（4）直观性的传达较为深刻。

在包装上，最常见的图形表现方法就是以具象图形和抽象图形来表达。
包装最大的目的就是将被包装的内容物——商品推销出去，所以最起码要让
消费者知道所买为何物，此时如果只透过文字、色彩来表现，似乎略欠真实
感，所以常会以写实的、抽象的、绘画的、富有感情的表现方法将产品优点
具体地说明，而为了达到真实感，具象图形通常都会以摄影或插画的技巧来

图 4-4　具象图形（插画）

表现。

　　在抽象图形的表现上，则是凭借其冷静、理性的强烈视觉印象使商品在五彩缤纷的包装中，展现独特的风貌。而该以何种类型的图形来表现，就依靠商品的消费群诉求以及商品的定位与特色来做选择。

图 4-5　具象图形（摄影）

图 4-6　具象图形（摄影）

图4-7　抽象图形

商品包装不仅应该在货架上以外观明显地胜过竞争对手，还应该明确地反映商品的内容。对于食品、玻璃器皿、陶瓷制品、精美工艺品、玩具等商品来说，人们越来越重视其真实的形象，急切地希望通过包装，一目了然其中的实际产品形象。如果包装不能达意，顾客就不会把它挑选出来，也就是说，如果不以适当方式显示包装的内容物，该商品也就无人问津了。

现代国际市场上运用商业摄影手法的包装创意设计日益增多。它顺应国际市场上自助式销售方式的出现和发展，顺应顾客要求"真实地"了解产品的心理，顺应社会化大工业生产的要求，使包装设计的画面能直观、快速、准确地反映内在物，并使其形象、质感、色彩达到完美，甚至超出原有商品的境地。现代技术和日益发展的电子制版印刷工艺，已为包装视觉传达设计提供了比逼真表达事物更高的手段，加上设计的巧妙构思，使商品包装更富有魅力。

四、包装的文字表现

文字是记录、表达人与人之间情感，沟通意念的基本符号，是最直接、最有效的视觉传达元素，透过大量的印刷，便可将所要传达的信息传播开来。而包装是产品销售中最直接、最大的促销途径，因此，文字在包装设计上的运用是否得当，也就成为包装是否能达成促销目标的一大关键。

文字是经历长久的锤炼而演变出来的，其本身就具备了象形之美，蕴含艺术的气息，所以包装设计者如能善用文字，凭借文字的编排与变化、字体的灵活使用，就能创造出一件绝佳的设计。而由于文字是每一件包装不可或缺的构成元素，所以包装设计者必须有一个明确的认识，那就是要做好包装，必先驾驭文字。如果想驾驭文字，设计者可能要先对各种字体的特色有所了解，如此才能针对商品的特性，选择适当的字体。除了对现有的字体特色必须牢固掌握外，还应依据商品的特性，创造出新形态的字体，以吸引顾客的注意力，达到销售的目的。包装上的文字包括牌号品名、商品型号、规格成分、数量批号、用途保养、使用方法、生产单位和拼音或外文等，这些都是介绍商品、宣传商品不可缺少的重要部分。例如化工、仪表、药品、食品、机械、文教用品主要靠文字来辨认，说明文字是包装中的一个重要部分。

文字作为一种装饰手法在包装设计中有美化商品的意义，但应以表现商品特性为前提。文字的装饰处理手法各异，与商品巧妙结合，容易唤起顾客的共鸣、想象和记忆，并能以巧取胜，使人感到别具一格。根据商品的特性进行合情合理的设计，无论是结合其他形式还是单独使用，都能表现出包装的个性和各种新意。我们伟大的中华民族有着几千年的文化遗产，传统的汉字书法本身就是一种艺术。近年来，我国不少把文字作为包装设计主题的作品获得了成功，特别是土产、特色礼品一类，用汉字书法做装饰，有的加上印章、古画，强烈地显示出民族风格。纵览日本的包装设计，可以看到书法包装在日本也颇为流行。总而言之，应该充分调动文字装饰美的功能来提高和丰富设计效果。

图 4-8　包装中的文字表现一

图4-9　包装中的文字表现二

商品包装上的文字又分为：基础文字，主要是产品的名称和企业名称；文字信息，包括产品成分、容量等；广告文字，主要是一种艺术性的表达。

文字的作用：

（1）能够对商品起到很好的促销作用；

（2）对于商品的特性具有良好的表现作用；

（3）运用文字的表达来加强信息力度。

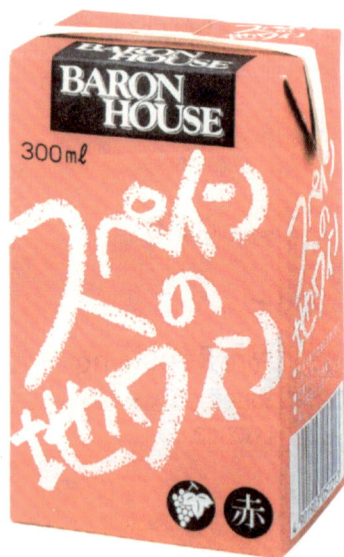

图4-10　文字增强信息力度

五、包装的色彩表现

色彩可以直接刺激人们的视觉，使人们的情绪产生变化，间接影响人们的判断。也因此，色彩成为影响包装设计成功与否的关键元素之一。

图 4-11　包装的色彩表现

一件好的包装必须具备良好的视觉性，能捕捉消费者的注意力，无论是在超市还是广告或印刷品上，色彩都起到出色的推销作用。所以对包装设计者来说，如何应用色彩的特性来塑造商品包装的视觉传达力和调动人们的情绪，是研究色彩问题的重点所在。

设计者要具备丰富的色彩学知识，了解色彩的基本元素、象征性、易读性、暗示性、识别性，以及各种色彩带给人的感觉，色彩本身所具备的视觉刺激效果等。如果包装设计者能将色彩的基本知识融会贯通，必能为产品设计出最具视觉刺激效果的包装。

人们通过长期的生活体验，有意无意之间形成了根据颜色来判断和感受物品的能力。它不仅会让消费者产生审美愉悦，还能激发消费者的判断力和购买自信，丰富他们的想象力。

众多的商品包装设计，无一不以快捷、醒目、愉悦来吸引消费者的注意。

丰富的色彩传递着各种不同的情趣，展示着不同的品质风格和装饰魅力。设计语言的纯粹是设计师孜孜以求的，他们以更加理性的独特视角，努力摆脱设计流行中喧闹、繁杂、缤纷艳丽的手法，积极寻找色彩设计的理性与单纯。例如日本设计师设计的"日本琴酒"，充分利用无彩色的属性，通过金色文字在透明体容器上的设计排列，在光与影的作用下，体现出该设计的卓尔不凡。色彩的选择与组合在包装设计中是非常重要的，往往是决定包装设计优劣的关键。追求包装色彩的调和、精炼、单纯，实质上就是要避免包装上用色过多，五颜六色的艳丽繁华未必引人喜爱，反倒可能给人一种华而不实的印象，使人产生眼花缭乱之感。恰当使用简约的色彩语言，更能体现设计者驾驭色彩的能力，最大限度发挥色彩的潜能。摆脱传统色彩应有属性的束缚，结合包装设计理论与商品的属性要求，采用无彩色中的金、银、黑、白、灰进行的设计包装，则更显商品的永恒之美。无彩色系的特殊性质，为许多商品的包装设计提供了充分展现魅力的舞台，如杰尼斯·阿西比为南非伏特加酒所设计的包装，就容器造型本身而言，没有什么特别之处，但设计者大胆选用了无彩色的衬托，透露出强烈的金属质感，图形中央放置的白色标签，在其他无色彩的映衬下，更集中地强化了该商品的信息特征，使整个商品显得庄

图 4-12　包装的色彩表现

重典雅、品质超群。

有彩色系具有各自鲜明的相貌属性，而无彩色系中的金、银、黑、白、灰也同样具备一定的色彩含义。无彩色其实在人们心里早已形成自己完整的色彩性质，并为人们所接受，被称为永远的流行色。单独审视黑、白、灰时，黑色象征静寂、沉默，意味着邪恶与不祥，被认为是一种消极色。白色的固有情感，是不沉静性，亦非刺激性，一般被认为是清静、纯粹和纯洁的象征。当黑白相混时产生了灰

图4-13　包装的色彩表现（无彩色系）

色，灰色属于中性，缺少独立的色彩特征，因此，灰色单调而平淡，不像黑白强调明暗，但是灰色会给人一种含蓄、柔和、高级、精致之感，耐人寻味。当然，在众多以无彩色为主的包装设计中，往往也点缀着一些纯度较高的色彩，它们的呈现一方面与无彩色形成一定的对比效果，另一方面更是为了烘

图4-14　包装的色彩表现（有彩色系）

托主体色彩。无彩色与有彩色的相互作用，对于丰富商品包装的色彩效果无疑是十分重要的手段。

包装设计，在于不断地尝试与探索，追求人类生活的美好情怀。色彩是极具价值的，对我们表达思想、情趣、爱好的影响是最直接、最重要的。把握色彩，感受设计，创造美好包装，丰富我们的生活，是时代所需。无彩色设计的包装犹如喧闹尘世中的一丝宁静，它的高雅、质朴、沉静，使人在享受酸、甜、苦、辣、咸后，回味着另一种清爽、淡雅的幽香，其不显不争的属性特征将会在包装设计中散发永恒的魅力。

六、包装设计的视觉节奏

优秀的包装设计在符合其功能性的同时，更多的是让消费者产生对其所传达的情感的认同。从设计角度来说，节奏更主要的是在形式领域中发挥作用。节奏，本是音乐范畴中的概念，是情感物化运动的形态，形成节奏的四个要素是对比因素、变化规律、节奏的功能、存在样式。

音乐节奏的核心，就是利用各种对比效果，如乐音长短，断连、调性、速度、强弱、音色、质地的对比等，使之在音乐曲调中有规律地出现，造成音乐曲调的色彩变化和动势变化，从而形成乐曲的节奏感。正是由于节奏具有表现情感的特征，艺术中的节奏才成为一个涉及所有艺术门类的带有共性的问题，其对于寻找、利用包装造型手段中的视觉节奏规律，是非常有借鉴作用的。

每个包装设计都有自己特定的形式和内容，设计的内容是反映出来的现实，形式则是由该作品所用物质材料体现出来的感性外形，节奏正是需要利用这种物质材料的感性外形的变化方式才能体现。包装设计的形式不是空洞无物的外壳，也不是孤立的框架骨骼。内在的情感要求和意义的填充，要用形式来负载。这种情感和意义与形式之间的关系，符合格式塔心理学的完形法则，这种结构关系是情感得以传递的基础。任何节奏都需要通过一定的物质形态来体现。不同的形式有着不同的物化形态，同时也蕴含着不同的情感和意义，它既是设计者与审美主体从客观世界进入艺术世界的媒介，也是设计作品与消费者沟通的桥梁。设计者对于节奏的把握，直接决定了包装的形态样式和情感意义的分量。

（一）视觉节奏与图形表现

图形表现即产品的形象和其他辅助装饰形象以及文字的组合，利用形象的内在、外在的构成因素，以及特定的节奏给消费者以心理暗示。其涵盖了主体图形与非主体图形的关联；品牌标识与品牌字体的设计形式及字体面积的关联；形、字、色各部分的关联，构成关系的编排，构成特征与风格倾向；光泽色彩的使用，局部的凹凸处理与肌理质感的变化等。图形表现应具有基本对比因素，力求使节奏的性格鲜明地显现出来，才能形成具有生命力的整合的包装形象。视觉节奏的确立也不能简单化处理，各个对比元素的变化绝不可各行其道，互不关联，局部与局部之间须互相依存。

（二）视觉节奏与色彩运用

色彩的运用在营造视觉节奏中占重要的位置。色彩节奏具有运动特征，能有规律地反复出现强弱及长短变化，通过色彩的聚散、重叠、反复、转换等，在色彩的运动、回旋中，形成节奏、韵律的美感。

1. 重复性节奏

通过色彩的点、线、面等单位形态的重复出现，体现秩序美感。简单的节奏有较短时间周期或者重复达到统一的特征，赋予理性的美感。

2. 渐变性节奏

将色彩按某种定向规律做循环推移系列变化，它相对淡化了节拍意识，有较长时间的周期特征，形成反差明显、静中见动、高潮迭起的闪色效应。渐变性节奏有色相、明度、纯度、冷暖、补色、面积、综合等多种推移形式。

3. 多元性节奏

由多种简单重复性节奏组成，它们在运动中的急缓、强弱、行止、起伏也受到一定规律的约束，亦可成为较复杂的韵律性节奏。其特点是色彩运动感很强，层次非常丰富，形式起伏多变。

色彩具有的节奏与包装的结构、图形表现紧密联系，以色彩的过滤、提炼的高度概括以及人的联想和色彩的习惯为依据，形成鲜明醒目、对比强烈、有较强的吸引力和竞争力的节奏，以唤起消费者购买的欲望，促进销售。不同商品的不同特点和属性形成不同的视觉节奏，传达冷暖、轻重、软硬、厚薄、距离、华丽质

图4-15　包装的色彩节奏

朴等情感。例如食品类色彩鲜明丰富，医药类色彩单纯，化妆品类色彩柔和中性，儿童玩具类色彩鲜艳夺目、对比强烈等，都是通过色彩节奏的情感作用、联系作用来表达各种含义和意境，使色彩更好地反映产品的属性，适应消费者的心理，适应不同地区人们的喜好与习惯，从而扩大产品的影响力。

（三）视觉节奏与材质运用

　　商品包装所用材料表面的纹理和质感，往往影响到商品包装节奏的整体表现。如同音乐中的音色、质地，选择不同的乐器所传达的情感是完全不同的。利用不同材料的表面变化或表面形状的对比可达到视觉节奏的最佳效果。无论是纸类材料、塑料材料、玻璃材料、金属材料、陶瓷材料、竹木材料还是其他复合材料，都有不同的质地肌理效果。运用不同的材料，并在不同的空间关系上加以组合配置，可传达给消费者不同的情感。材料元素是视觉节奏形成的重要环节，同时它也关系到包装的整体功能和经济成本、生产加工方式及包装废弃物的回收处理等多方面的问题。

第二节
包装设计视觉传达技巧

所谓包装，不仅具有充当产品"保护神"的功能，还具有积极的促销作用。随着近年来市场竞争的激烈，更多的人在想尽办法使包装发挥出积极的促销作用。有学者曾由此提出一个"醒、理、好"的原则。

扫一扫

扫一扫

一、醒目

包装要起到促销的作用，首先要能引起消费者的注意，因为只有引起消费者注意的商品才有被购买的可能。因此，要使用新颖别致的造型、鲜艳夺目的色彩、美观精巧的图案、富有特点的材质，使包装达到醒目的效果，使消费者一看就产生强烈的兴趣。

图 4-16　醒目的包装

二、理解

　　成功的包装不仅要通过造型、色彩、图案、材质的使用引起消费者对产品的注意与兴趣，还要使消费者通过包装精确理解产品，因为人们购买的并不是包装，而是包装内的产品。准确传达产品信息的最有效的方法是真实地传达产品形象，可以采用全透明包装，可以在包装容器上开窗展示产品，可以在包装上绘制产品图形，可以在包装上做简洁的文字说明，可以在包装上印刷彩色的产品照片等。

图 4-17　易于理解的包装

三、好感

　　包装的造型、色彩、图案、材质要能引人喜爱，因为人的喜恶对购买冲动起着极为重要的作用。好感来自很多方面，但首要是实用，即包装能否满足消费者的各方面需求，提供方便，这涉及包装的大小、多少、精美等。同样是护肤霜，可以是大瓶装，也可以是小盒装，消费者可以根据自己的习惯选择；同样的产品，包装精美的容易被人选作礼品，包装差一点的只能自己使用。当产品的包装为人提供了方便时，自然会引起消费者的好感。

图 4-18　使人产生好感的包装一

图 4-19　使人产生好感的包装二

第三节
不同商品的包装设计应用

扫一扫　　　　　　扫一扫

一、食品包装设计

　　食品包装设计类型繁多，按其形态可分为固体与液体两种类型。固体类的食品包装种类较多，如干果、糖果、膨化食品等多采用软包装、袋包装、真空包装等。液体饮品主要有水、酒、饮品、牛奶、果汁等。液体类的包装设计多以罐、瓶、桶类为主。在进行食品包装设计时，不仅要考虑其外观形式给人带来的视觉感受，还要考虑其功能性，如保证食品运输过程中的安全性、食物的储藏性、食物的口感等。

（一）趣味风格的食品包装设计

新颖、愉悦是趣味风格的特点，趣味风格的食品包装设计强调趣味性、亲切性、幽默性。比如，包装上使用一些卡通人物形象，配以鲜亮的颜色，能有效地拉近产品与消费者之间的距离。其趣味性多表现在包装整体造型及包装图形元素的设计上。

图 4-20　趣味风格的食品包装设计一

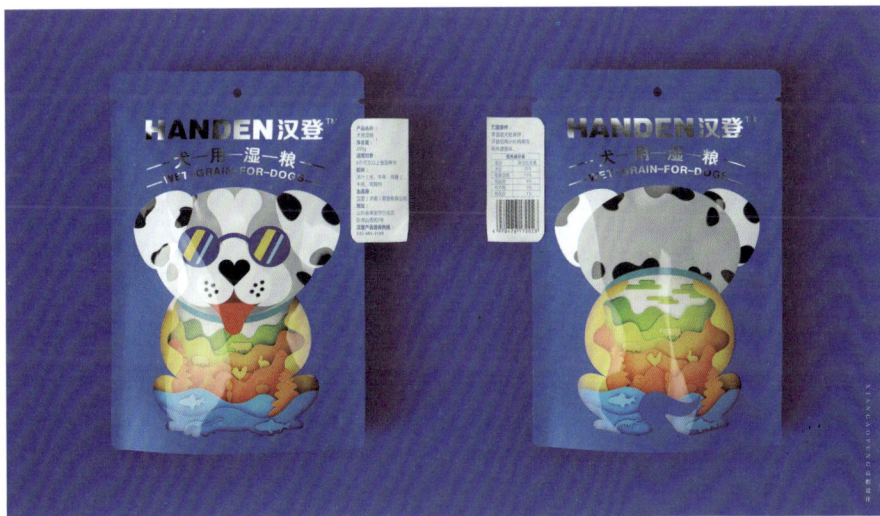

图 4-21　趣味风格的食品包装设计二

（二）可爱风格的食品包装设计

不言而喻，可爱风格的食品包装设计即强调可爱、单纯等，是一种蕴含快乐、童真的包装设计。比如，包装上采用比较可爱的图形、较为俏丽的字体，整体呈现一种较为轻巧、纯真的视觉效果。

图 4-22　可爱风格的食品包装设计

（三）食品包装设计技巧——造型材质设计

在进行食品包装设计的时候，造型的材质不仅对食品给予人的形式美感产生一定影响，在触感上也起到一定的作用。造型的材质一定要与整体包装风格相符合。

二、日用品包装设计

日用品是指日常生活中经常使用的产品，如肥皂、洗衣粉、牙膏等。由于日用品大部分为消耗品，所以需要消费者反复购买。因此产品的功能性、包装的便利性都会对产品销量起到决定性作用。例如，一款洗手液产品包装设计方便携带，而且有良好的挤压出液管设计，那么消费者会首先考虑购买它。

日用品由于其功能的不同，产品包装设计造型也不统一。常见的有方形、圆柱形、椭圆形等。其包装设计的造型，不仅需要遵循实用性的原则，而且要充分体现产品的美感，从而吸引消费者购买。

日用品所用包装材料包括软材质、硬材质、复合材料等。软材质有纸材、塑料等，硬材质包括玻璃、金属、陶瓷等。

（一）明快风格的日用品包装设计

明快风格即强调明亮、流畅之感。明快风格的日用品包装多体现在色彩的选用上。其色调多选用暖色调或者冷暖色的对比，且明度较高。

（二）清爽风格的日用品包装设计

日用品，特别是清洁护肤类的日用品，根据这类产品功能特性传达给人的心理影响，在进行包装时，其方向性更为明确。清爽风格即强调干净、清洁、卫生等特点。清爽风格的日用品多为清洁类、护理类日用品，其产品特点多体现在产品包装的色彩上。

（三）日用品包装设计技巧——造型设计

日用品包装不仅在功能上要求严格，对其造型美感的追求也要根据产品的特性量身定做，使其更具针对性、唯一性。

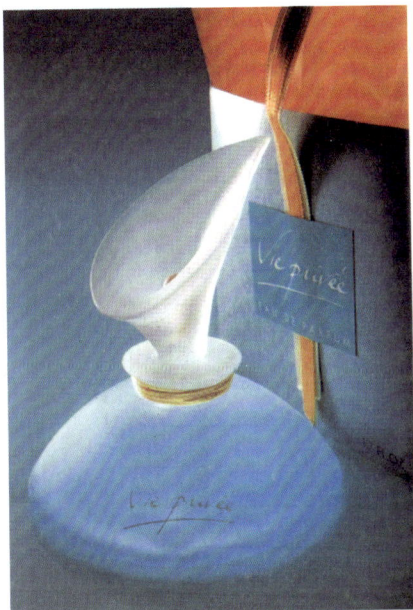

图 4-23　明快风格的日用品包装设计

三、文体产品包装设计

文体产品是指文化用品和体育用品。文化用品是日常工作生活中用于文化的产品，常见的文化用品有纸张、笔、本子、橡皮擦、尺子、文件袋等。体育用品是体育运动、健身、户外常用的产品，常见的体育用品有篮球、足球、跳绳、帐篷、登山鞋等。

随着经济的发展，以及国家在教育、体育等方面投资的增加，市场对文体产品的需求量在不断增加。因此文体产品的包装设计也是具有巨大潜力的产业。文体产品的种类很多，所以其包装的材料选择也较为多样，但是基本上会以节省材料和包装空间为主要的目的。

文体用品类的消费受众为不同年龄阶段的人群，针对不同年龄阶段的消费群体，其包装设计的风格也要不同。如针对儿童类，多以可爱、绚丽的小包装为主；针对办公室人群，则多采用时尚、大气风格的精装版。

（一）多彩风格即采用多种颜色的风格

多彩风格强调多样性、彩色化。多彩风格的文体产品理所当然要在色彩的选用上下功夫。

（二）活力风格即强调活泼性、力量感

活力是生命力旺盛的体现，更是运动的代名词。活力风格在体育用品的包装设计中较为常见，也是此类包装设计的必然选择。

（三）户外用品包装设计技巧——材质设计

图 4-24　活力风格的文体产品包装设计

户外用品多指参加各种探险旅游及户外活动时需要配置的设备，如背包、绳套、岩石钉、安全带、大小铁索等。在这类设计包装中，其材质设计较为重要，包装材料的选择对整个户外活动会造成十分重大的影响。

第四节
包装创意设计实践

设计师运用各种方法、手段，将商品的信息和企业的理念，通过视觉的方式传达给消费者。当然，一件包装的完成必须经过严格的设计程序，通过调查、分析、研讨、创意、设计制作等手段来完成。

一、设计实践创作过程中应注意的问题

（1）包装材料的选择与运用，其技术性能要求一定要与商品的属性相适应。

（2）包装要表里如一，即包装要与商品的质量和价值相适应。

（3）包装视觉传达设计的创意应新颖、独特，具有强有力的视觉冲击力。

扫一扫

（4）包装要易于识别与使用。

（5）出口商品包装要按照国际市场的要求与习惯，进行设计的选择和使用。

（6）包装视觉传达设计必须与印刷工艺相结合。

二、包装的系列化设计

（一）系列化包装设计的概念与商业促销

系列化包装是现代包装设计中较为普遍、较为流行的形式，早在20世纪初就已经出现。在那些包装作品中，我们发现那种运用统一的形式、统一的色调、统一的形象来规范的，造型各异、用途不一却又相互关联的产品，它们看上去像一家人，和谐地形成一个家族体系，所以系列化包装也称作家族式包装。

（二）系列化包装设计的重要手段

系列化包装创意设计强调不同规格或不同产品的包装在视觉上的格调统一，符合美学的"多样统一"原则，根据形式美的法则，使群体内的各个单体包装形成有机组合。这种组合并不是同种商品等量同型包装的重复组合，而是在体现企业多种商品包装特定视觉特点的前提下，精心设计每个单体，使之具有自身的特色和变化，达到统一中求变化，丰富商品包装效果。实现包装的系列化表现手段各异，主要有以下几种。

扫一扫

（1）不同规格与不同内容的多种商品系列化包装。采用突出、统一的名牌和商标，统一主题文字字体，形成系列包装。这种方法是产品包装系列化最基本的惯用方法，根据包装设计的实际需要，在包装造型、装潢构图、色彩等方面追求自由变化，主要突出牌名和商标；运用鲜明统一的字体，给消费者以强烈的视觉感，加深消费者对产品系列的印象，以争取市场和扩大销路。

（2）相同产品不同容量规格的系列化包装。采用完全相同的包装造型、图案、文字、色彩等视觉形式，而以大小不同的容器规格品种形成系列化。

（3）不同品种的同类产品系列化包装。包装的装潢形式采用统一的构图格局和形式手法，而注意不同品种之间的区别。

（4）容器造型、规格相同的同种产品系列化包装。采用统一的包装容器与同样的视觉设计方案，在包装装潢的色彩、图案运用上做改变，集中陈列展示，会形成丰富多彩的系列化效果，加强产品在货架上的冲击力，增强对消费者的吸引力。

（5）多品种不同造型的系列包装。对于同一企业不同产品、不同形态、不同规格的包装，除运用统一的商标字体以外，采用整体同类型的构图格式或图案装饰风格，使多品种的包装形成统一的系列化特色，同时在包装造型、规格与色彩上又赋予灵活多变的个性特点。

参考文献
CANKAO WENXIAN

[1] 钟鼎，郑彦洁. 立体构成 [M]. 上海：上海交通大学出版社，2016.

[2] 邵永红. 色彩创造价值：企业色彩营销战略 [M]. 北京：中国商业出版社，2014.

[3] 邵永红，汪秀霞，黄海宏. 图案基础与应用 [M]. 北京：北京工业大学出版社，2016.

[4] 张丹丹，沈学胜. 创意包装设计与项目实训 [M]. 南昌：江西美术出版社，2010.

[5] 孙芳. 商品包装设计手册 [M]. 北京：清华大学出版社，2016.

[6] 吴江，徐秋莹，柳丽娟. 产品创新设计 [M]. 北京：清华大学出版社，2017.

[7] 梁玲琳. 产品概念设计 [M]. 北京：高等教育出版社，2009.

[8] 傅潇莹. 创意首饰设计 [M]. 合肥：合肥工业大学出版社，2016.

[9] 丁希凡. 首饰设计与赏析 [M]. 北京：中国水利水电出版社，2013.

[10] 胡明哲. 色彩的境界：胡明哲的"色彩配置"课程 [J]. 中国美术，2011（1）：90-97.

[11] 王静，侯奔奔. 浅谈传统装饰元素在现代设计中的应用 [J]. 文艺评论，2009（5）：90-91.

[12] 周静静. 浅谈西南地区竹文化概述 [EB/OL].（2019-12-24）[2021-06-06]. https://wenku.baidu.com/view/239a70384973f242336c1eb91a37f111f1850da6.html?fixfr=MXKWQEcUKB7F9INmKSrDIg%253D%253D&fr=income7-wk_sea_vipX-search.

图书在版编目（CIP）数据

　　小商品创意设计 / 宋兵，楼莉萍主编 . —杭州：
浙江工商大学出版社，2021.10（2023.1 重印）
　　ISBN 978-7-5178-4680-2

　　Ⅰ . ①小… Ⅱ .①宋… ②楼… Ⅲ . ①小商品—产品
设计 Ⅳ .① F760.2

　　中国版本图书馆 CIP 数据核字（2021）第 198922 号

小商品创意设计
XIAO SHANGPIN CHUANGYI SHEJI
宋 兵　楼莉萍 主编

责任编辑	沈敏丽
责任校对	夏湘娣
封面设计	尚阅文化
责任印制	包建辉
出版发行	浙江工商大学出版社
	（杭州市教工路 198 号　邮政编码 310012）
	（E-mail：zjgsupress@163.com）
	（网址：http://www.zjgsupress.com）
	电话：0571-88904980，88831806（传真）
排　版	杭州市拱墅区冰橘平面设计工作室
印　刷	杭州宏雅印刷有限公司
开　本	787mm×1092mm　1/16
印　张	11.75
字　数	174 千
版印次	2021 年 10 月第 1 版　2023 年 1 月第 2 次印刷
书　号	ISBN 978-7-5178-4680-2
定　价	59.80 元